關係中的

之

和的關係

自己修行

文字　JANET LAU

練習前的祈願文

今日我選擇來到瑜伽墊／蒲團上，目的為了好好了解及照顧自己。

願我在今日的身心能力範圍內盡最大的努力，探索自己的可能性，同時尊重及原諒此刻的限制。

我的練習將會為自己及他人帶來最高的真善美。

Namaste

目次

序

四念住　身

序一

法鼓山香港道場監院　常展法師

認識 Janet 是因為疫情的緣故，道場為了回應社會大眾的需求，邀請多位正在推動心靈淨化或者正念活動的各界專業人士，進行交流及合辦活動。對於 Janet 落實在生活的佛法推廣，印象尤其深刻，所以經常邀請合作，近來她更定期為法鼓山的青年人上課，成為他們人生路上的善知識。

我們曾經多次討論關於青年人學佛的狀況，到底他們需要些什麼？他們關心的是什麼？最困擾他們的又是什麼？大家不約而同都認為最主要的應該就是各式各樣的人際關係，而且這亦普遍存在於大部分人的生活裡，成為煩惱的主要來源。

人際關係是當代的修行道場

這讓我思考了一下關於現代人際關係的問題，我們認識的人數比前人多了好幾倍，甚至好幾十倍，而且都習慣了跟社交媒體上的「人設」打交道，線上線下一分為二，加上我們普遍地擁有數以十計的身份角色，現代人際關係實在是一個多維度的龐然巨「網」，置身其中，恍如懸浮在生活的霧霾裡，在看不透的維度之間盡是糾纏不清的拉扯。難怪我們的步伐如此趕急、神經如此綳緊、態度如此煩躁、念頭如此散亂，再加上每個人的身心都為著生活而透支——卡數透支、心力透支、體力透支、睡眠透支、情感透支……這些因著上下四維內外夾攻的生活壓力，而被過度激發的情緒要何處安放呢？

治標不如治本，處理氾濫的情緒往往無從入手，倒不如溯本還原，直面情緒的源頭，學習如何梳理它。記得 Janet 和我曾經討論過某個年輕人課程的定位，最後只剩下「關係」和「修行」兩個關鍵詞，因為大家都認同現代人的修行功課裡面，人際關係才是主科，夫妻關係、親子關係、婆媳關係、情侶關係、朋友關係、同事關係……層層無盡，枷鎖牢牢，沉沒其中比比皆是，能夠全身而退的可有幾人？

譬如書中多次提到與父親的關係：「我需要學習面對不能逃避的罪疚感。其實這罪疚感一直都在，小的時候若果爸爸買玩具給我，或者帶我們去旅行，他會不斷說我們有多幸福，我們並不知足，爸爸在小時候並沒有我們那麼幸福，我們需要感謝他，我們要珍惜……等等。原來這些話語讓我覺得我不值得被好好對待，就算我有好的體驗我都應該感到羞愧……」相信我們每個人都有著許許多多欲理還亂，卻又難以釋懷的複雜關係，多數人都選擇迴避或者對抗，能夠像 Janet 這樣勇毅地正視問題，並以佛法的正知正見去面對自己和處理事情，確實令我佩服。這種細水長流般的精進正是修行人必須具備的品質。提不起、放不下的朋友們，何不細心聆聽 Janet 為我們娓娓道來，如何將令人煩擾不堪的關係問題，化作現實生活裡的修行道場。

扎根於根本教義，磨煉在平凡日子

隨著「正念」的風行，加上生活壓力與日俱增，現今的世界已經進入「泛禪」的世代。從正面而論，現在正是提倡心靈淨化，甚至推廣佛法的難得機遇；從反面看，到處呈現著魚目混珠、正邪難辨的亂局。批評和對抗並非理智的策略，我們應專注於扮演好自己的角色，將佛法和禪法的好處，切合地介紹給有需要的人。這是深耕細作的功夫，豈是週末裡的風花雪月，是需要有心之士，付出堅定的願心和無比的毅力，逆流而上默默耕耘。

Janet 就是一位擁有以上特質的修行人，既潛心於佛法正見的學習，更是將佛法落實在日常生活的實踐者。書中一再引經據典，輔以專家學者的當代詮釋，並且援引個人切身的經歷，為「四念住」等南北傳佛教所共依的根本法門，提供了多層次、多面向的解說，其中最難能可貴的，必定是一個又一個的個人「血淚史」。當中不一定都是成功例子，但每一個字都散發著勇氣和真誠，每一個情景都可能發生在我們的身邊，既平凡，亦深刻！在這些剪不斷、理還亂的糾纏裡，Janet 更為我們細心地梳理出易於記憶和便於應用的歸納，譬如有個學生曾問我：「我需要觀察情緒多久它才會消散？」這是一個我相信每位修煉者都想知道的問題，但其實這問題包含了一些有趣的假設：

一、情緒離開了就永遠不會回來

二、沒有情緒就沒有「問題」

三、有情緒是不好的

我細心想了良久，其實在我多年觀察情緒與念頭的體驗中，我發現：

一、練習純粹觀察可以讓情緒紓緩下來

二、情緒紓緩下來後可以更清楚覺察到情緒背後的念頭

三、純粹觀察念頭可以接觸到背後的期望及渴望（譬如被愛、被接納、被同理等等）

四、學習調整期望，就算調整不到都可以接納暫時未能改變事實的事實。

五、清楚深層渴望，容讓自己去照顧及滿足這深層渴望。

六、不怕面對情緒（以致每次情緒出現不會因為排斥情緒而產生更多的情緒）

七、不怕面對負面念頭（因為念頭只是一個念頭，而「負面」只是一個詮釋。）

八、不怕面對失敗（因為失敗只是事實的一個解讀），有能力重新開始。

九、慢慢達到純粹看到事實的原貌（有接納事實的能力）

若依次第禪觀的修行脈絡，修行人需於五停心得根本定後，才能於四念住修觀，破除我見，斷滅煩惱。然而要得初禪以上的根本定，於現代人的生活條件而言（自古的漢人亦然），未免苛刻得近乎不可能。故此，東土的祖師大德們便開展出定慧雙修的禪門宗風，應用於日常生活之中。書中處處出入於安定身心的方法和轉念捨執的慧觀，為正在受苦的我們開出一條「生路」，亦是遙契古德的悲智方便，譬如「懂得欣賞不苦不樂受，你會發現那是一種幸福；不懂得欣賞，會覺得那欠缺新鮮感。所以，透過覺知我們是可以將不苦不樂受轉化成為樂受。若果生活中亦不苦不樂受居多，有技巧的禪修人能把這些體驗轉化成樂受，從而每天感到滿足、幸福和豐餘。」

小學六年級生的征途

正當所有人都為著生活奔波勞碌，為著那生存基本需求的些微幸福，拼搏得焦頭爛額之際，有一位中文程度只有小學六年級的「番書妹」，在口語和語體文之間斟酌琢磨，以真實的情感和經歷，靠著一股熱誠去「爬格仔」，箇中的艱辛絕非外人可以體會。相信若果沒有堅定的信念和與人分享的悲願，是沒法堅持下來的。生命本來就不是孤獨的存在，我們何嘗不是通過與他人相遇、相知、交流、碰撞之中一起成長？過程之中自然是有苦有樂，有熾熱的，也有淡泊的；其實無論順逆，都可以化為「增上」成長的養分。如果我們都把自己當作小學生，人生路上就只會充滿學習的機會和無限的希望。

記得 Janet 多次提及過，現在更多的是分享佛法的正見和瑜伽的心法，多於外在的式子，這當然是內化了瑜伽的真正意涵，但在我看來，真正要表達的都蘊含在那表面柔軟的瑜伽式子之下，每一個動作都是有條不紊，柔中帶勁，正如書中的每一段字句都是生命征途中的一步一腳印，覺醒且有情。

佛陀曾經說過，生活在這個世界的人都是「其性剛強，難調難伏」，意思是我們養成了甚深的錯誤習慣，當身心出現痛苦時，難以調伏內心之煩惱。幸而，Janet 坦然的分享無疑為大家提供了一個範本、一種可能性，只要願意成長，無論生活是苦是樂，終能透過覺察尋回內心的平靜自在。

祝福各位健康、平安、快樂！

序 二

香港大學佛學研究中心講師／
美國加州執業臨床心理學家 李堅翔

說道理易，活道理難。

走進佛學研究的這幾年間，勉強算是看過不少佛法相關的論文與書籍，也讀過不少對佛法的精闢見解。可是，能夠以身作則，把修行生活中最直接的體會，以最直白的文字傳遞給讀者的，少之又少。

可能因為知易行難，有時候我們想得到，但不一定做得到。

可能因為我們放不下一些執著，認為只有傳統的教導佛學方法才有用。

可能因為我們都害怕展露脆弱的一面。

可能因為我們想不出最直接的表達方式。

但是這本《關係中的修行之和自己的關係》一一做到了。

以一顆無所住的慈悲心、一個修行同行者的角度，Janet 把自身對《念住經》的領悟，細膩地刻劃出一幕幕的故事和感通。

其中最深刻的一段是人生如戲的描述。在每個人的故事開始之前，各種因緣條件已經搭建好舞台，迷濛之間我們早已緊握劇本，跟著既定的角色內心外化，做反應、說對白，表達情感。但是，我們演活角色的同時卻不懂得抽離，越演越投入，以致不停重複地上演一場又一場戲劇人生。修行就像導演當頭棒喝的一聲「cut！」把我們從戲劇的模式中喚醒，重新給予自己空間，覺察我們的角色和劇本，回到每一刻重新選擇。

有空間，便有選擇。

我們可以選擇體諒每個角色背後的辛酸，我們可以選擇放下多年入戲的角色，我們可以選擇放開雙手擁抱和原諒這主角，和他重新建立關係。

Janet把與自己修好關係的勇氣，鼓勵每一位讀者修好與自己的關係，這是最誠懇的邀請。這種「我手寫我心」的方式，最簡單，最真切，也最有效。

最後，我認為這是一本佛法初學者的教科書、一本溫故知新的參考書與一本佛法自療的無私分享。希望你和我一樣地喜歡。

序 三

精神科專科醫生／
香港中文大學醫學院精神科榮譽臨床副教授
黃瑋妍

跟很多讀者一樣，開始時我是透過文字認識 Janet 的。那時我開始接受靜觀行為治療導師培訓，想對瑜伽八支有更深入了解，便讀了《瑜伽生活禪》。那時，認識到原來她也跟我一樣有過「頭腦先行」的一段日子，也由於經歷過「聰明反被聰明誤」，而開始接觸修行。當時我是從遠處欣賞她的。

數年後，Janet 跟丈夫一起參加由我導引的靜觀教養課程。當我知道他倆會上我的課，心情確實是既驚且喜。喜，是因為能近一點認識他們，互相學習。驚，是因為在課程中，我需要引領所有同學，包括資深瑜伽導師 Janet，去練習一系列靜觀伸展運動。我看到我恐懼和羞愧的情緒：「我沒有資格」的念頭，我心口悶著的不樂受；我的抗拒心和緊隨的、對於要作為一個「好導師」的執著；也看到我想要硬著頭皮頂硬上的行為習性，它們都是我的老朋友，並不陌生。跟靜觀導師同修分享我這擔憂時，她提醒了我：「你的角色是導師，不是來耍雜技的。」是的。這經驗讓我再次覺察我仍然受很多概念限制，但它們只是概念而已，並非事實。心，寬了。到了那一課，我容讓那一刻各種的身心限制，和我一起帶領靜觀伸展，也感激 Janet 認真地跟隨導引練習，提醒我要信任所有人的內在智慧。課程後，我跟她透露之前的恐懼。她爽朗的回應說：「怎麼，也不是那麼可怕吧！」此後，我倆的距離拉近了。

認識多了，發覺我倆在修行（亦即人生）路上，往往前後腳面對相近的路障。表面上，我較善於以醫學或知識的角度去理解事情，Janet 則多以佛學及靈性的面向出發，彷彿是相對的。但我深深感到，我倆縱然有不同的切入點，或用不同的詞彙，但也正走在同一路上。我們都是透過修行，對自己更真切及深入地理解，包括不喜歡和不願意看見的部分，之後踏實地練習離苦，從而希望讓自己與身邊人關係也因而轉化。感激有 Janet 這位有智慧的善朋友，更感謝她慷慨分享修煉《念住經》的苦與樂，從文字中送上一份陪伴，好讓讀者能更有勇氣地一步一步修行。

序四

輔導心理學家／臨床督導／
全球職涯發展培訓師／「6A 品格教育」認證講師

李淑珍

今次收到女兒 Janet 的邀請，為她的第三本新書《關係中的修行之和自己的關係》寫序，感到非常驚訝、開心及榮幸。欣喜見證女兒在人生中不斷地成長、學習、修行，將個人的智慧、經驗、信仰、信念、知識，真誠地與讀者分享，以生命影響生命，實在感到無比的安慰和幸福！

Janet 自小便非常自律、勤奮、好學，喜歡思考及討論人生問題，並喜歡分享自己的想法和感受。我們彼此的關係既是母女又是知己朋友，大家無所不談，經常互相交流及討論對事物的看法和生活經驗。我最欣賞 Janet 的性格特質如堅毅、責任感、認真和真誠等等。Janet 的寫作能力該是來自她自小堅持寫日記的習慣，她的中文語文能力真令我讚嘆，因為她在初中已經移民到加拿大生活。Janet 一向喜歡完善自己，追求優質的心理素質。在以前未修行的她，頗為執著，思考模式傾向「非黑即白、應該……等等」，常常令自己處於壓力狀態。就算經常給她鼓勵、讚賞和肯定，為她「減壓」，似乎效果不太顯著。慶幸 Janet 遇上瑜伽、佛學、禪修，讓她得到心靈平安、輕鬆和自在。從她多年來的身體力行，如進修、教學、生活體驗、寫作等等，個人處事態度及人際關係上變得更加靈活及成熟。例如 Janet 剛剛當了媽媽後向我說：「媽咪，我好擔心我做媽媽做得不像你那麼好啊！」我說：「傻女！那會呢！做媽媽是很自然的事，只要做回自己便可！」我觀察 Janet 與兒子的互動模式：她很有耐性地先認識及了解兒子的特質、脾性及習慣，然後調適自己的情緒及行為來回應兒子的需要，而不是按照自己既定的思考模式去教養孩子，所以他們彼此的關係非常親密和諧。從這個事例，深刻體會到女兒靈修後的改變。

Janet 曾說我是她在靈修道上的第一位老師，雖然我沒有靈修，也沒有宗教，但為她種下愛的種子，讓她發熱發光。其實，Janet 早已成為我的老師了，多年來我曾參與她多個的禪修營、講座及瑜伽活動。當中學會了利用靜觀練習，自我察覺身心靈的變化，並加以調整，讓自己的正能量提升。我和女兒一樣，從事助人行業，個人的修為是非常重要，例如要有正確的價值觀、生命熱誠、良好的人際關係、穩定情緒及積極的思維模式等等，才能陪伴有困擾的人及協助處理其問題。所以很多謝 Janet 老師宣揚正念瑜伽及生活禪，讓我們活得更輕鬆和自在。

在閱讀 Janet 本著作部分內容後，很認同若我們想與別人建立良好的關係，先必須學習了解自己的特質如情緒感受和想法，明白它的來由，「把自己修正好」才與別人及環境互動，讓自己有意識地選擇如何回應身邊的人和事。在輔導工作經驗所見的個案中，包括各個年齡層及社會階層人士，他們的困擾，部分涉及人際關係，所以如能有效地處理個人的人際關係，煩惱自然少了。另外，提升個案自我了解和覺察的能力，包括情感、思想、行為、需要及渴望，個案便容易調整過來，這是在輔導過程中非常重要的部分。

衷心希望讀者能在本著作中找到你的所需，促進個人成長及精神健康！

自序

Janet Lau

這本書用了三年多時間來書寫。要用上三年時間並不是因為內容複雜，其實整本書的內容一早已在心中，就像一顆已經落地生根的小樹苗一樣，因為當中的內容一直都是我個人練習與教學的根本。之所以用上那麼長時間，主要因為這三年生命中經歷了無數高高低低（低點應該多於高點），當中需要面對很多自己的不足、恐懼，以及翻湧的情緒，而身心狀態並不適合將練習內容傳遞出來。

所以這三年半裡面用最多的時間是修煉自己。

第一個學到的課題——順「期」自然。

以往言出必行的我若答應編輯一年內交稿，會「不計成本」盡自己所能去將它完成。但這次我開始明白什麼叫做「勉強無幸福」，因為有很長時間真的寫不出什麼來。就算寫得出文字，但語氣、用詞並不能表達我的真正意思。

第一次硬著頭皮跟編輯道歉說我真的未能交稿……期限一推再推……這幫助我放下了一個「我應該使命必達」的框架，同時開始對食言的人多了一份同理心；原來有時食言並不等於一個人沒有心去達成一件事，而有時真的是環境不配合而已。

一次又一次得到編輯的體諒與支持，我學到第二個課題——順「其」自然。

我開始放下交稿日期的束縛，容許自己慢慢寫，寫一本能真正表達我與學生們練習方式的書給大家。結果大方向改了三次！以前「話一就一、話二就二」的我，這次再自打嘴巴，又要再次跟編輯解釋。感恩他們無條件的包容與支持，今日的《關係中的修行之和自己的關係》才能面世。在這個過程中，放下了許多「面子」、許多自己給自己的框架與標籤。

其實想寫關於《念住經》已經大約有七年多時間。但自問自己並不是一個佛學學者，並沒有對佛學經典有非常深入的研究，而且在市面上已經有許多有關《念住經》的翻譯本或者相關文獻，我真的不敢獻醜。

直到幾年前在台灣教授一個為期八星期的正念師資課程時，我有意無意地與學生分享這個宏願與顧慮，其中一位學生說：「市面上的確有無數關於《念住經》的書籍，可是不同人需要不同的方式去學習，而老師解釋的方法讓我們對佛法有更深的理解。」感恩這位學生的支持，他給了我勇氣去將我所知的寫出來。說實話，寫這本書對我來說就像是對全世界公佈我對佛法的理解（並且需要對自己的教導負責），而這對我來說絕對是一個恐懼。

其實躲於專業名詞及大師們對佛法的見解後面會很安全，這樣大家就不會看到「我」對佛法的理解。所以當決定要寫這本書的時候，自我批判的聲音變得明顯：「自問你又不是轉世的達賴喇嘛，又不是正念之父一行禪師，你何德何能去分享那麼高尚的佛法？小心誤人子弟！若果理解錯誤的話，所有人都會知道！」聽到自我懷疑聲音時，我唯有好好與它坐著，回到呼吸，知道那只是一些想法而已。

自問透過這些練習走著走著，我確實得到很深的轉化，也目睹很多學生持續的轉化。我跟自己說：「就算不相信自己，都要相信佛陀的教導！也可以相信親眼目睹的轉化，以及當中的智慧。」所以，這個項目對我來說，是一個信任智慧的考驗。

寫著寫著，我開始領略到其實智慧無分高低，若果該智慧能幫助自己與他人往彼岸（放下貪瞋癡）邁進一步，哪怕只是一小步，那已經是有幫助的智慧了。

通過這本書，我想與大家分享如何有效地將佛陀教導的要點落實於生活中，因為只有能夠落實修行，我們才能真正「享用」到佛陀的智慧，以及將之融會貫通。能夠融會貫通的，才真正屬於自己。

若果這本書能幫助你放下執著、認識自己，以及接觸到事實的美好，那是因為佛陀與恩師們教導有方。若果當中對某個題目有錯誤理解的地方，那則是我需要繼續努力理解的部分。

想藉著這本書表達內心的感恩：感謝編輯多年來的支持與包容，讓我有一個無限的創作空間及挑戰自己的舒適區；感恩曾遇到的每位恩師，雖然因緣並不容許我們常伴左右，但您們的教導我會銘記於心；感恩每位學生，因為你們開放的態度與信任，讓我更相信生活的智慧；感恩每位讀者，你們讓我知道六年級的中文程度並不會限制一個人的願心；感恩爸爸媽媽無條件的支持，讓我做自己喜歡的事情；感恩兒子的存在，讓我知道「我這樣」就已經俱足，同時也讓我找到更多生活的勇氣，透過與你的互動讓我更了解自己的長短並接納自己；感恩宇宙一切的安排，讓我知道每刻我都是被承載著、照顧著。感恩、感恩、感恩。

在此衷心祝福每一位讀者，希望大家透過用心修行，無論遇到什麼際遇都可以隨遇而安、平安自在。

第一話

原來修行只是要修好自己

回想起過去十多年的修行體驗，看到自己有進步，但細心去看卻像自己在類似課題中兜圈，但每繞一個圈，自己對自己、外界的理解及包容，彷彿深了一層。回頭看，其實修行這個東西是從外而內的慢慢去了解自己，而透過對自己的了解加深，對他人的接納亦相繼增加了。

首先讓我慢慢與大家分享一下自己的體驗。

在《瑜伽生活禪》裡說過，一開始我誤打誤撞去留意每一刻的呼吸，以及身體的姿勢，這樣練習了兩年好像沒怎樣為我帶來什麼改變，直到第一次的「領悟」，才知道原來自我的覺知在不知不覺間慢慢在培養。那時，我看到自己一直抱怨爸爸對我不好、否定我，但原來我從來都沒有真正的接納過他——那是第一次我從往外投訴到往內反省的過程。

之後我開始努力練習坐禪、行禪、食禪，以及深觀自己對外界的認知。我發覺原來自己會無意的把很多的不安、妒忌、擔憂、抑鬱往外投射出去，在生活上的不同體驗裡去「找證據」來「證明」自己的想法是對的。但這個對號入座的方式讓自己造成很多「無中生有」的體驗。

譬如明明有不少工作機會，那個否定自己的想法卻會把這些想成為「自己是團隊裡面最差勁的」，或者明明身邊有不少關心自己的人，但那個自我批判的聲音卻會說「只是因為他人同情我，所以才問候我」等說法。如果不覺察到那只是一個內在的聲音，就會找「證據」來「證明」這些想法是對的，繼而讓自己陷入情緒的深淵。

我開始很努力的去「改造」自己，希望自己變成一個「沒有投射」、沒有負面想法的人，希望自己每一個念頭都是「善」的。這樣努力幾年後，我真的感到自己開心了不少。

又過了幾年，留意到我是一個很會主動去「修理」事情的一個人，譬如當我看到臉上長出一顆青春痘，我會想把它盡快清理掉，就算「時間未到」我都設法要去弄它。可是，越弄往往就越糟糕，發炎更厲害……像我先生，他不會怎去弄它，反而好得比較快……從無數顆青春痘中，我發現我的習氣就是想「插手」處理，但很多時卻越幫越忙。

從觀察這個「要處理」的態度中，我不難發現原來在生活上每一個關係裡，我都有著這個習氣，除了對待學生的轉化、課程的安排、關係的培養，當然也有對自己的要求，原來全部我都希望可以「盡自己的力量，盡快搞好」。聽起來好像是很積極的態度，但其實內裡有著很多的自我懷疑、擔心、恐懼和不信任；我不相信事情是可以自己好起來的。可是事實一次又一次的告訴我：其實有一些不在我的「管轄」範圍內的事情，我是沒辦法處理的，而我只需要做好自己，其他的，就要學習尊重、信任，以及放手。我發現到自己越能順其自然，很多事情會來得比較順利。

自從第一次領悟到我需要為「和爸爸合不來」負責任後，我就一直想「處理好」與爸爸的關係，至於什麼才算做「處理好」嘛，我會覺得要跟他變成好朋友一樣（因為我與媽媽就像好朋友一樣），大家可以談天、分享感受……一次一次的嘗試，接著一次又一次的失敗。我慢慢看到：「用了那麼多方法，嘗試了二十多年去跟爸爸做好朋友，如果要做到，就已經做到了。自問我真的再沒有什麼辦法了。但若果還做不到，可能問題並不在我這裡。」原來我內心有著一個指標，就是覺得如果我能夠「處理好」與爸爸這個關係，我就「成功」了；原來我很介意自己的瑕疵，覺得如果我和爸爸的關係搞不好，我就不配做一個正念老師、一個能幫助他人與身邊家人搞好關係的老師……

我留意到每一次我越想與爸爸親近，我就越感到壓迫、委屈、受傷害。我一直只是很自私的想拉近大家，但沒有留意到其實勉強他人跟著我的做法亦會對爸爸構成壓力。其實從爸爸的關係裡我看到自己最過不去的不是他，而是對自己要做到完美的期望。其實爸爸的反應只是投射了我深深渴望被認可的需要而已，而這個認可其實我需要從自己身上找到，而不是爸爸那邊。慢慢我開始放過自己、不勉強大家，我看到除了自己感到舒服些之外，與爸爸的「結」好像沒有那麼緊，縱使大家的距離沒有我想要的那麼近。其實自己一直都不想面對「自己和爸爸合不來」，但當我容許自己，原諒自己有這個「缺憾」時，有趣的，我覺得輕鬆多了。

有次我與一位認識很久的學生去爬山，她對我說：「Janet，我覺得你變了。」「喔？什麼意思呢？」我問。「你一直對我們都很好，但以前在妳身邊總好像有一股壓力。」她很誠實地說。我相信這股壓力來自一直想他人好，就是太想他人好，令他人有壓迫感、不能做自己。

我很感恩這位學生的回饋，她讓我知道原來太在意一樣事情會為他人帶來壓力。作為老師，他人若想要「轉化」，除了需要得到適量的引導（當初我以為這是唯一需要），感到被信任，以及有一個心靈的空間是很重要的。

其實其他關係都是一樣！就像一個農夫，他／她只需要把美善的種子放在適當的泥土裡，適當時候澆水、下肥料，然後就讓土壤、太陽、蜜蜂、雨水做好它／牠們的本分；相信每一個元素都會做好自己的本分，相信種子，當遇到適合的環境、天氣，它會冒芽的！

我看到自己有個不夠信任的習氣，會常常想挖開泥土，確認一下種子的進度（因為看不到小苗所以擔心做得不好），怎知每一次的確認就是拖慢了種子的成長速度。

現在我發現：在每一個關係裡，其實只需要做好自己能力範圍所及的工作，其他的，就練習不執著、信任及尊重。

每一個關係都是獨特的，並會隨著不同時間、不同環境、際遇而有所改變。有時跟某人比較要好，當條件環境因素改變時，關係的親密度亦會有所調整。若果自己能夠在每一個關係中做好自己本分，放下對於關係的期望，這個關係才會讓人感到舒服自在。當一個關係有著這種自在，很多問題都能夠迎刃而解。

第二話

在自己能力範圍內努力

我相信很多人在不同的關係裡都只是想做好自己本分，讓對方快樂。如上一章，我覺得我要做好女兒的本分，去孝順爸爸；有些人會覺得要做好媽媽的本分，讓孩子開心；有些人覺得要當個好老師，幫學生得到好成績；有些則覺得要做個好老公，讓老婆開心等等。

有沒有想過為什麼有那麼多人有那麼好的出發點去維繫關係，可是做得到的卻是少數呢？為什麼？因為很多時我們會將他人的幸福歸納成為自己的責任。

我從爸爸那邊深深的體會到：以前中學移民到加拿大閒時閱讀中文書，爸爸批評說：「你在加拿大就要好好學英文，多看英文書，不要只看中文書！」那時我的想法是想保持自己僅有的中文能力，反正在學校一定要看英文，當感到被指責時，的確有些納悶。好不容易過了好幾年終於提起對英文書的興趣，而且看英文的量比中文多很多。又有一天爸爸看到我在看英文書，他說：「你身為中國人，最好看多些中文書！」那一刻我真的感到既生氣、又困惑。

以前我希望能透過努力去獲取爸爸的讚美，但一次又一次的我往東，他叫我往西；我往西，他就叫我往東。這樣兜兜轉轉，我終於發現：我以為爸爸的福祉是我的責任（我以為如果我成功他就會引以為榮，這樣他就會快樂），但原來快樂與否是他個人的選擇與修為。當然，我的行為某程度上亦會影響他，但他快樂與否並不能完全由我控制。

原來自己一直把他人的福祉扛在肩膀上，彷彿做什麼都感到不對，因為他人的福祉並不是在自己的能力範圍內可以控制的啊！

慢慢我開始留意生活上的不同領域，原來「做好自己」並沒有想像中那麼簡單。當中有很多需要學習的：

●個人能力範圍有好幾類：

一、時間

二、資源（包括金錢）

三、體力

四、情緒空間

五、心理質素

六、個人意願

●每一刻的能力範圍都會改變

●有時太努力亦會適得其反

●自己到底想怎樣

●清楚自己為什麼而努力

●清楚自己的行為是否善巧

●盡自己能力，只專注於自己要做的事，其他的學習順其自然。

● 跌倒了，原諒自己，再重新出發。

在這本書裡，我會引用佛陀教導的《念住經》來幫助大家慢慢培養出辨別以上的各種情況。能否辨別善惡絕對是一種能力，並不是一種認知；能力跟認知的分別就是：認知只需要有概念上的理解，但能力絕對需要練習與培養；但憑認知，是培養不到能力的。當培養任何一種能力時，跌倒是必然的，但每次的站起來就是在深化那能力。

所以，開始前，請不要以為你「明白」當中概念就能「做到」，「做到」一次並不等於你能夠持續做到。希望大家首先好好理解一下「如何」做，再默默地實行，直到一天你發現這個能力已經完全滲透進你的 DNA、完全不用想就可以「自動導航」去做，那你就知道開始修成正果了！

在此之前，加油！

第三話

認知的過程

如之前所說，我們的體驗來自於自己如何認知事情的發生，視乎你的詮釋，大家看到一件事可以有很多不同的反應：就好像不同讀者對 Janet 的想法，很多人都會覺得自己知道 Janet 大概是怎樣的人，但事實上每個讀者對我的想法與詮釋都不一樣。你看到的我，跟我媽媽看到的我不一樣，跟我先生看到的我又不一樣，而我自己看自己也完全不一樣。那到底我們在談論 Janet 的時候，到底大家討論的 Janet 是否同一個人呢？

以上的例子就說明了兩點：一、其實我們常以為大家看的人事物是一樣，但事實上外面的人事物經過自己的意識過濾後，其實已經大不同了。二、我們的體驗來自於自己對外界的詮釋，而不是純粹被外界所影響。

如果我們的體驗來自於自己的詮釋，那要活得開心，我們就必須要清楚認知過程的操作，就像若果你要在一個遊戲得到高分數，你必須要清楚遊戲規則及掌握當中技巧，要不然無論你如何努力都好，沒有在遊戲規則內玩，成功的機會率很低。

在這裡與大家分享一下佛陀解釋人的要素[1]，以及我們的認知過程[2]。人的要素主要有兩個：物質及心智，而心智則能再細分成四。

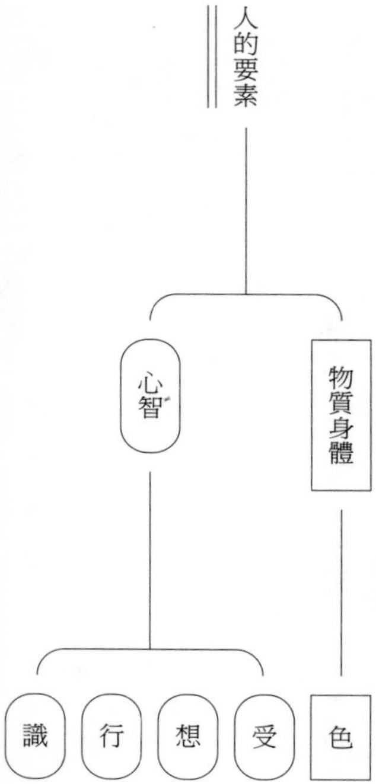

一、物質身體（色蘊）

物質身體，指人的軀體，是有形（Matter）的部分，包括粗造及微細的物質體。除此之外，色蘊指五官及頭腦能意識的對象。換句話說，透過不同的感官去認知事物的第一扇門。而每個感官對應一個對象：

- 眼睛——看到的形狀、顏色
- 耳朵——聽到的聲音
- 鼻子——聞到的味道
- 舌頭——嚐到的味道
- 身體——皮膚或身體觸碰到的感覺
- 心——心的對象（包括念頭、情緒、感受、憧憬、回憶）。我們除了可以從外界接受資訊，亦可以從內在接受資訊：譬如對將來的憧憬、對過去的反思等等。

二、身體感受（受蘊）

當接收到外在的資訊時，內在就會有所感受。這個感受並不是指情感或情緒的感受，反而是比較直接的肉體感受。譬如走進森林，眼看到樹，聞到草的味道，皮膚感受到微風的親吻、太陽的溫暖，聽到鳥聲，整個身體就開始放鬆下來。這些都是肉體的感受，是發生在想法或情緒之前的。

而感受有分幾種：樂受（愉悅）、苦受（不愉悅），以及不苦不樂受（中立感受）。

如上面的例子，當身體放鬆下來時，那是一個愉悅的感受，亦可以稱作樂受。當太陽太猛烈，皮膚開始感到灼熱甚至疼痛，那就是苦受了。至於中立感受，意思就是沒有特別的苦或樂。譬如耳朵沒有特別覺得怎樣，這一刻耳朵的感覺就是不苦不樂受了。

雖然感受是指肉體的粗糙感受，它可以源自身或心，而有些體驗身心的感受可以是一樣，有時則可以是相反的。

就以上例子：

站在森林裡，感到溫暖的陽光照耀著，如果喜歡曬太陽，身跟心都有著愉悅的感受。如果不喜歡曬太陽，怕曬黑，就算身體感到溫暖，這人並不會感到愉悅，反而是苦受。

有沒有聽過痛是必然、苦可未必（pain is inevitable, suffering is optional）？身心是相連的，但一般生活裡所遇到的苦受大多數來自心的苦，因為身的苦，相對來說，是比較容易接受的。

在後面的章節我們會談談如何可以透過正念練習觀照心的感受，就算有時未必能完全逃避肉體之苦，我們都可以減少讓自己痛苦的心理元素。

三、對資訊的詮釋（想蘊）

當感到內在感受（苦、樂、中立）時，腦子就會很迅速的、很自然的把這些資料分類、詮釋、分析，以及辨別是非。我們的想法其實就是來自對感受及外界資訊的詮釋。很多時我們詮釋的方式是從小學會的，譬如：這個顏色叫做綠色、這個人叫做媽媽、這個感覺叫做「睏」、撒謊是不好的、人應該要為自己的行為負責任等等。因為要有效的在社區中生活，所以這個認知、分析及詮釋的能力，絕對有它的功用，否則大家就很難有一個共識（譬如吃飯要在餐桌上），沒有共識的話，一個人很難與其他人合作（什麼應該做、什麼不應該做）；一個家，甚至整個社會都很難有效的去運作。

根據不同的群組（文化、年紀、地區、學歷、經歷等），大家對於同一件事的詮釋方式可以很不一樣。中國人比較重視「一家人」的感覺，而美國會比較重視「個人」的獨立性。因為詮釋不一樣，所以當遇到類似經歷，大家的體驗就會非常不同了。譬如升上大學後，很多中國的年輕人對於與父母同住並沒有什麼特別的不滿，但對於一個外國人（重視獨立性的）來說，可能他／她就會很介意自己因為還沒搬出去而感到羞愧。

詮釋這功能是為了讓我們更能融入群體的圈子，但有時亦因個人與群體的詮釋方式有落差而產生不同的矛盾。

稍後的章節我們會探討如何培養覺知及正念，去覺察自己的詮釋方式，以及修正某些錯誤的詮釋，來幫助我們得到心中的祥和。

四、心理活動及反應（行蘊）

有了不同的詮釋及想法，就很容易產生不同的情緒及不同的反應能量（Reactive Energy），相對於前一階段的想法（想蘊），它只是一瞬間略過的念頭，但行蘊卻是一種濃罩著心田或不斷在腦海盤旋的內在氣氛。

譬如你覺得某人在某件事上故意挑剔、為難你，你感到憤怒及不公平，在腦子裡不斷想著：「為什麼他常常為難我？是我做得不好嗎？我不覺得。可是他就是常常這樣針對我。這讓我想起其實誰誰誰也針對我，是不是我的問題？問心我很努力為這個計劃努力，可是他就是看不到，我感到很委屈……」這些不斷重複的念頭會在個人的「氣場」產生一股能量，一種低沉、自我批判、委屈、不滿的能量。

不同人被這種「內在氣氛」或「氣場」支配下，就很容易做出那股能量相應的事，譬如憤怒能量，輕則會用眼神去表達自己的不滿，或用言語去表達不滿、攻擊對方；重則甚至大打出手。

這個心理反應可以顯露在行為上，或者思想上，對象可以是對方，或者自己。

譬如你已等了很久，希望上司可以欣賞你的工作表現，繼而給予晉升機會，可是，這機會卻落在一個剛從其他部門調職過來不久的同事。你不滿上司的決定，行為上可能你沒有做什麼，但內心卻非常納悶，甚至怨恨上司看不到你的努力。因為你的態度，造成日後你倆有了嫌隙。

又或者上司的決定讓你對自己的能力有所懷疑，這體驗對應到從小到大有不少經歷是沒有被他人看到、認同到，繼而覺得自己不夠好，慢慢失去了對事情的熱誠、興趣，整個人越來越封閉起來，因為覺得不表現／表達自己就是最有效不被否定的方法，整個人每天都低低沉沉、欠缺自信。

另一個可能性就是你感到不滿並跟上司理論。雖然你不滿，但你真心想了解上司的決定，並不是要挑戰他，而是想清楚知道背後的原因，以讓你能放下不必要的誤會。上司很欣賞你的大將之風，之後就多給你機會，最後你晉升的職位被原本的更高！

你可以看到，遇到一樣的際遇，但不同的反應會衍生不同的結果。

五、意識及生命的主體（識蘊）

意識可分兩種，第一就是認知（Cognition），第二就是意識的載體或意識層，而意識層可以分成兩個結構：

- 意識層：包含分辨、分析的能力
- 潛意識或更深的無意識層：可以包括習氣，以及深深影響著身口意的潛藏力量。

其實意識整體已經包含了五蘊的每一個認知程序，只是在五蘊的解釋裡面意識的運作被細分。我們的意識可以有個人的意識（譬如自己的取向）以及群體的意識（不同的團體有著自己的價值觀及做事方法）。意識時時刻刻都在運作中，可是，有意識的去體驗跟無意識的去體驗，感受可以很不一樣。

譬如你跟父母吃飯，他們在閒談中挑剔你的不是。若果那一刻你有意識的留意到自己生氣，同時間留意到自己聯想起從小聽到父母提供的意見，雖然會感到有點不悅，但你選擇回到自己的呼吸，知道那是出於他們關心自己，你有考慮過他們的建議，並反思自己的選擇是否有誤，但你也清楚自己的決定的原因，所以只把他們的建議看成為一個意見就算了。你記得以前還沒修行之前，他們這樣說時，你就會大發雷霆，甚至離開餐廳，之後大家又會冷戰一兩星期。

同一件事，有意識去面對，跟無意識去面對，結果可以很不同。無論有意識去面對事情又好，無意識去面對都好，我們的體驗都會一一落入意識層裡，而這些過去體驗就會影響著我們對於類似體驗的認知。譬如以前你被一個朋友出賣，這個體驗深深的刻在腦裡，下次交朋友時，你對新朋友的看法或多或少會被以前的體驗所影響（除非你有覺知並且努力的練習回到當下，純粹的與這位新朋友交流），繼而可能對對方有所保留，因為你很怕再次被傷害了。

意識載體的意思就是當我們有意識，就有感受；有感受，就有思想；有思想，就有行為反應；有行為反應，就會產生不同的能量（可以是現在的或潛在的）。能量是不會消滅的，當環境與條件配合時，相對的能量就會顯露出來。譬如你現在的心雖然沒有自在平安，可是，知道這股能量只是潛藏在我們的意識之中，當遇到適合的環境及條件時，可能因為你開始了正念的練習，因為認識了良友告訴你善知識，開始培養覺知，身心的平安就顯現了。

我們有著不同的潛在能量，就算離開這個肉身，當遇到適合的環境時，生命能量就會從另外一個載體呈現了。

認知的運作比我們想像中走得更快

看以上的分析時，很容易會以為這個五蘊的過程是慢慢走的，其實運作速度有如光一樣快！就因為五蘊運作得很快，同時也貼得我們很緊，所以我們需要對這個運作方式有一定了解才能增加了解自己的習慣模式的成功率。不清楚五蘊的運作，我們就會以為自己的體驗純粹來自外在，所以就會想透過各式各樣的方式來控制，希望得到多一些安全感。

個人來說，對於五蘊的認識幫助了我的成長很多。首先它讓我看到自己執著在哪一個位置，將抽象的體驗劃分為不同的層面，將慣性想指責他人的傾向有效地轉回於內，查看原來在每一個體驗裡面（特別是負面體驗）自己有很多需要負責，以及有可以改良的地方。

當對自己的五蘊過程變得敏銳之後，透過安住於當下，放下自己的投射去細心留意，我們不難發覺在幾分鐘的對話裡，五蘊可以轉了好幾回！

某天跟朋友聊天，他向我抱怨說他瑜伽館的員工很難管理，再加上新型肺炎的影響，真的擔心公司能否再繼續營運下去。

「可否告訴我員工們發生什麼事讓你覺得那麼困擾？」我問。

「就像這員工（先叫做A），我們已經很盡力去配合他的個人發展，譬如他要辦這個課程那個課程，我們都盡量配合，但當我們需要他擔當多一些團體課堂時，他就會請假。這些老師只是會為自己著想！我會覺得為什麼我要用那麼多時間、心力去培養一個根本不把我們會館放在心的人呢？」他抱怨。

「每個人到最後都很難不為自己著想的。當然，作為新老師，他們當然希望努力去為自己拼搏，這是一個過程吧。」我會想起自己初出道時的確也是如此。

「同意。但我還是覺得至少他們都可以飲水思源吧！為什麼好老師那麼難找？」朋友很沮喪的說著。

「喔？你覺得找好老師很難嗎？」我認知到這是一個內心的投射。

「是啊，就像另一個老師（叫做B），她常常遲到，我們要把她當作小孩的去提點……事件發生得太多次之後，我們就決定解僱她了。我們就是吸納不到很忠心的老師，唉……」他一臉無奈。

「你覺得跟這兩位老師的體驗裡，有沒有一些共通點？」我問著，希望他可以看到我看到的自我投射循環。

朋友想了一下：「我不覺得有什麼共通點，唯一的共通點就是員工的問題。」

「喔，你覺得是員工的問題。」我重複他的答案。

「嗯，沒錯。」

「好的，那我們試試利用佛陀教導我們有關認知過程，去理解一下這兩件事，看看有沒有共通點，好嗎？」我鼓勵他。

「好的。」朋友很願意接受練習，因為我相信他也很想找方法去脫離這個困局。

「當A事件發生時，譬如你眼睛看到她、耳朵聽到他說的，你第一個感覺是什麼呢？」我問。

「身體緊繃。」朋友下意識收緊了身體去示範給我看他當時的身體感受。

「嗯，那時你感到緊繃。我相信你應該不會喜歡這個緊繃的感受吧。」我想跟他確認一下。

「嗯，不喜歡。」他承認當時有不愉悅的感受。

「在那一刻，你有沒有一些想法不斷在腦裡盤旋著呢？」我很有興趣的問。

「有啊，譬如：為什麼又是這樣？我很失望啊……為什麼我要用那麼多心力去培養這樣的員工啊？」他努力思索著。

「好的，那有什麼身心的反應呢？可以是行為上的反應，亦可以是情緒上的反應。」

我繼續協助這位朋友清楚自己的模式。

「失望，起初有些生氣，之後就覺得困惑、疲累……嗯……還有無助。」這位朋友因為對自己的情緒也很留意，所以不消一會就可以道出自己的感受。

嗯，好的，那我們看看在你與A的互動裡帶來的認知模式：

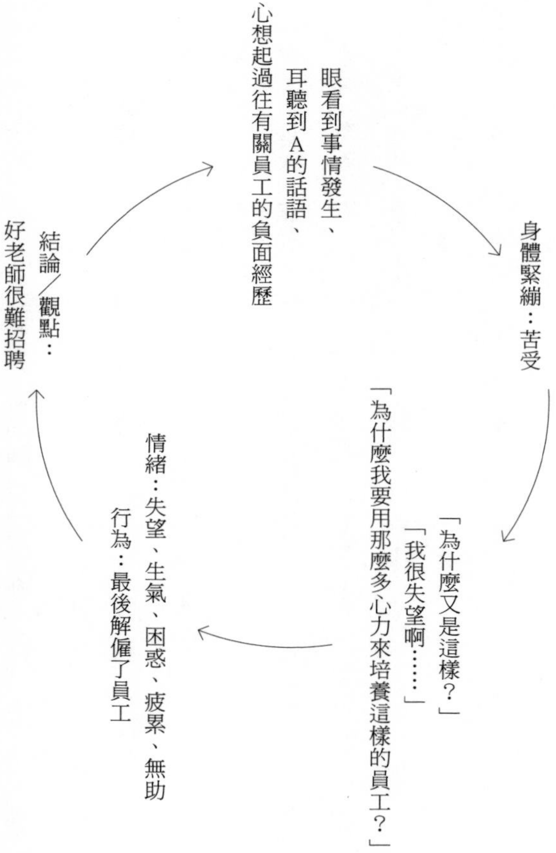
眼看到事情發生、
耳聽到A的話語、
心想起過往有關員工的負面經歷
身體緊繃：苦受
「為什麼又是這樣？」
「我很失望啊……」
「為什麼我要用那麼多心力來培養這樣的員工？」
情緒：失望、生氣、困惑、疲累、無助
行為：最後解僱了員工
結論／觀點：
好老師很難招聘

「以上是不是你與A的體驗裡所經歷的心路歷程啊？」我問。

「嗯，是的。」

「以上的模式有沒有在生活的其他地方出現？意思是：這個模式熟不熟悉？」我希望引導朋友看到自己心裡狀態常常發生的模式。

「我不覺得在其他地方有這樣的體驗啊。」他懊惱地說。

「那不如我們研究一下你與B的體驗，看看互動中的心路歷程有沒有一樣？」我提出。

朋友仔細地看著圖表，若有所思的點頭，之後慢慢說著：「嗯，與B的互動中，我的內在過程也是差不多的。」

「對，你回想這幾年，當你遇到跟員工們相處的問題時，有沒有類似的模式？」我繼續問。

他繼續深入探索，說著：「嗯，是的，模式的確沒差很多。」

「嗯，那你就知道其實這並不是因為一個半個老師。某程度上這也跟自己的詮釋，以及身心反應有關。」我希望讓朋友看到他的五蘊運作：「你看到模式就好，這樣我們就可以有機會改變。因為當你能夠為自己的體驗負責的時候，我們就可以練習改變一些我們有能力改變的地方，那就是我們的詮釋與行為反應。」

「嗯，是的。」

「那，請問，在這個不斷重複多年的模式裡，應該有某些恐懼、某些你不想發生的，或者某些你想避免做的，而因為想避免這些恐懼，所以這讓你不斷在這個死胡同中打轉。回想過去幾年，跟員工的互動裡，你最不想見到的是什麼？或者你最想避免的是什麼？」我問。

他有點難堪的說：「我不想自己做一個壞人。」

「壞人的意思是？」

「就是我不給人家機會，我沒有耐性。」他解釋。

「喔，意思就是你不想咄咄逼人，更加不想看到自己很嚴厲、不給機會，是這樣嗎？」我想確認我明白他的意思。

「嗯，是的，我總覺得透過我給機會，人家一定可以改變的。」他終於說出心底話。

「喔，你覺得是可以透過自己的努力而改變他人，是嗎？那，這些年，你有成功改變到嗎？」我問。

「沒有。」他有點失望的說。

「所以你有沒有看到這個想要改變人的假設，讓你陷入了一個很辛苦的循環模式？如果那麼多年的經歷告訴你，如果他人不想改變，你是無可能改變他人的，你覺得你會怎樣利用你的能量資源呢？」

「我要改變自己，好好做自己的本分就好。」朋友慢慢清楚自己要做的事。

「是啊，如果你留意，其實這個模式應該不只在公司發生，應該在你的生活中都有。」

「真的……」

「嗯，這是你這輩子要修煉的功課啊。」

以上的對話裡，大家可以看到我們平常很容易只看問題的表面。歸根究底，其實我們真正要去改變的並不是外面，而是裡面。看到認知的過程可以幫助我們發現自己有很多無名的假設及故事。而以上朋友的假設，就是他以為可以透過自己努力去改變他人，所以他一直很努力的希望為他人帶來改變。但如果能量放在一些自己根本做不到的地方，那沮喪、無助的感覺，就當然很難避免了。

現在、過去、將來可以互相影響認知過程

從上文我們看到認知過程好像是一個單向式的過程。身體的五官接觸到外界訊息，身體產生某些感受，大腦對於感受及體驗作出分析，繼而產生不同的身心（情緒）及行為反應，而一切會藏於意識當中。如圖：

但其實每個過程可以互相影響：

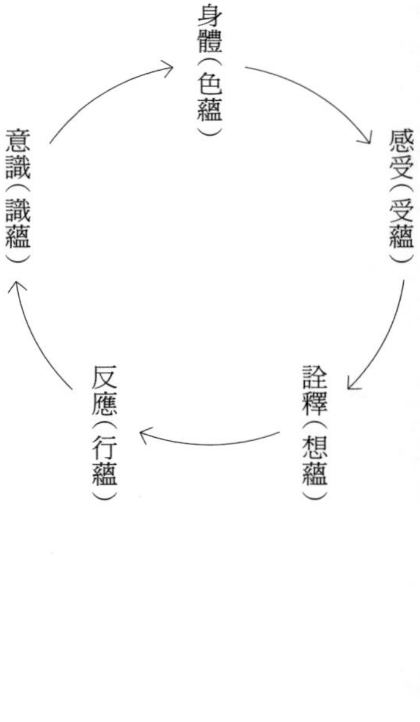

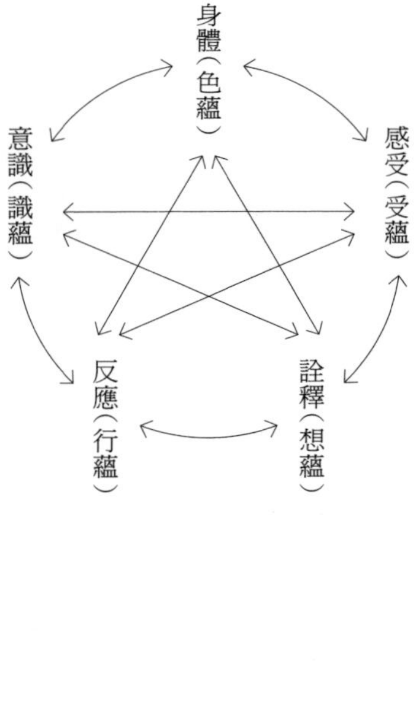

上圖的意思就是，除了身體的五官可以影響我們的感受，感受亦可以影響我們身體或者感官的接收。譬如當眼看到一些讓人噁心的事情時，這會影響我們的身體反應（可能想嘔吐），或者閉上眼睛。身體的感受可以影響我們的身心反應，而行為或心理反應亦可以即時影響我們的身體感受。譬如當自己感到煩躁的時候，身體會有緊繃的感覺。就算第一次與某人見面，我們對這個人的印象都可以因為一些先入為主的想法，而讓我們的感受有所偏頗。

從這裡就能看到其實我們的認知過程並不是直線從一到二、從二到三的，反而每個過程既可以被影響，同時亦可以影響其他程序。每一個程序是環環相扣的，那就是：身體（色蘊）這刻的呈現被感受、詮釋、反應，以及意識影響著，而感受（受蘊）每一刻也被身體、詮釋、反應及意識影響著，如此類推。

就以上朋友的例子裡，當他與一個新老師面談時，很容易會有緊繃的感受，想著：「我猜你都不會對我們很忠心。」因為有這個想法，繼而跟這位新老師的互動中都沒有很多投入感（因為覺得疲憊、無助、失望）。如果你是那一個新老師，感到會館都沒有很用心，你覺得他又會有多用心去為這個會館工作呢？如果已經有一個假設（識蘊），當你接觸到一個新的老師（色蘊），你就很容易有一個苦受出現（受蘊），可以說這位新老師把你還沒有處理好的舊傷口又一次挖出來。在整個認知過程中，其實每一個階段都可以影響另外一個階段。

那，現在、過去、將來對這個模式又有何關係呢？

先講過去及將來好了。我們可以在哪裡找到過去？照片？視屏？錄音？

在《瑜伽生活禪》裡與大家分享過我以前有過一段很難忘的戀情，儘管大家很在乎大家，但走過九年後都是分手收場。分手後自己已經再投入一段新的關係，但有次想起舊男友，很想知道他的近況，礙於分手時對方受到很大傷害，所以他斷絕了一切和我的來往，包括Facebook。

由於在社交平台上再看不到他的版面，我忽發奇想：「如果他像我一樣，因為工作的關係而多了人認識，有自己的網站，那我有可能可以從互聯網絡中找到他的近況？」我馬上搜尋他的名字，找到一份他寫有關環保的政府報告！在最後署名的地方，我看到他的頭銜為博士。這頭銜讓我想起我們一起的時候，大家其中一個分歧就是究竟要先工作還是繼續讀書。看到他終於拿到博士學位，我想：「其實一直你都是比較想讀書，那時要你選擇先工作後讀書，我猜這個要求讓你不好受吧。」

當年分手時因為想盡快忘記這個人，所以將大家一起的照片、互通的電郵全部刪除，就連他送我的禮物都扔掉。因為所有東西都刪除、扔掉，我想：「所有跟他一起過的證明都已經沒有了，如果當時沒有人見證過我們一起，我根本沒有任何辦法去證明我們曾經有過一段九年的經歷；這些『證據』除了在我腦裡，再不能在任何地方找到。如果記憶只是存於腦裡，這跟我的幻想又有何分別呢？」

這個領悟深深震撼了我。

原來我們可以用很多年去緬懷過去，但這些看似實在的經驗其實都只是一個念頭而已，而這些所謂的回憶根本與幻想沒大分別！原來那麼多年的緬懷過去根本就是在逃避現實！

如果過去只是一個想法、一個念頭，那將來都只是透過過去對未來的投射而已！

若果對事情的詮釋一成不變，我的將來跟過去不會有很大的分別。就算面前的狀況是全新的，亦會因為我不變的詮釋而「對號入座」，因為接觸不到真實，所以難免會產生了不少誤會，以及與他人的誤解，造成分歧。當越執著於自己的想法時（覺得一定是怎樣），認知就只能被過去的詮釋捆綁。意思就是，我們無法有一個突破性的新經歷了。

打破舊模式，培養覺知是關鍵

若果我們想在生活裡接觸到新的體驗，而不只是不斷重蹈自己投射的覆轍，我們就需要培養出覺知，培養純粹觀察的包容力。這樣，我們可以慢慢的看到身體的感受，而不立即詮釋成好或壞、應該或不應該。我們可以留意到自己的感受，而不立即詮釋、不立即做反應。我們可以看到自己的詮釋，練習就算看到自己的詮釋是對或錯，都可以先停止任何批判，純粹的認知。

若果我們帶著覺知與專注去生活，當有感受產生時，那頓時的覺察讓我們可以先停一下，而這就可以減慢詮釋的速度。身為人，我們只能從有限的角度去理解事情，所以詮釋難免會有，但至少我們可以先停下來，不去做反應（無論那是想法、情緒、眼神、言語或行為的反應），這樣，就算面對同一件事我們的反應已經可以大不同：

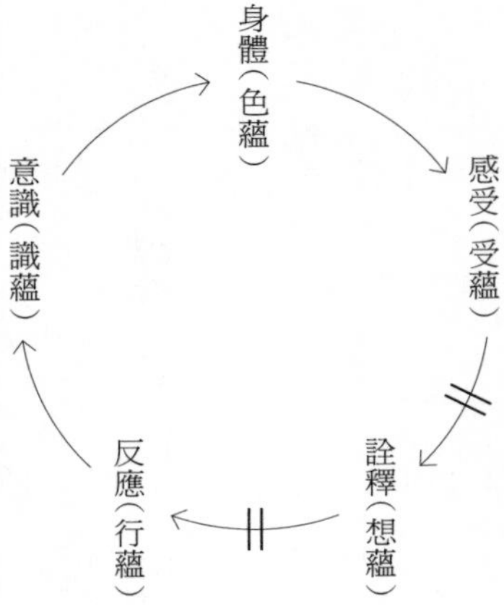

有人問，那我可以減慢身體與外界的接觸，以及感受產生這個過程嗎（色蘊到受蘊的過程）？當身心一接觸到對象，身體馬上就會有感受，除非我們的覺知是非常深厚，否則很難訓練到那麼敏銳的覺知去留意那麼快速的改變，以及有那麼大的定力去改變感受的發展。至於反應與意識中間的階段（行蘊到識蘊）嘛，我們每一個想法、感受都被意識接收，就好像一台閉路電視監察著身心的一舉一動一樣，所以很難去透過覺知來減慢這個監察過程。

雖然我們無法完全減慢整個認知過程，但因為整個過程都是環環相扣的，所以如果我們能夠純粹的看到感受，我們就立即可以把對感受的詮釋慢下來。又或者當有感受時，先停下來，不立即做反應，我們就已經能夠成功地減慢詮釋至反應的一步。當反應不同，我們就不再重複以前的模式，我們就一次成功地打破了舊模式的出現、就第一次削弱了舊模式的能量，而強化了新模式的能量了。

所以即使我們只能減慢過程的一部分，我們已經能成功地改變習慣！的確是很振奮人心的消息，對不對？

可是，有一個要點要留意：要知道舊模式已經運作了許多年，它已經有一定程度的力量，而我們的新模式（正念或覺知的能力）根基還不算很穩定，所以它的能量是比較弱的。如之前說過，任何事，當越重複得多，就越做得好。所以，暫時來說，舊模式會「做得比正念好」，所以，就算認知上明白，卻未必做得好，因為正念或覺知的能力是需要透過行動力來強化的。

每次跌倒，只需要爬起來，重新振作，慢慢地，透過你的努力、包容與耐性，你的正念力量一定可以大過你的舊模式的！

1 聖嚴法師的解釋

2 取自佛陀五蘊的教導

第四話

境隨心轉

聽過不少人問：「凡遇到什麼問題都只是回到自己，那豈不是會變得很被動？無論遇到多麼不公平的事情都只是去接受，而不去作改變，世界豈不是會變得很可怕？我看不到我如何可以改變自己的命運。」

首先，回到自己不等於什麼都不做，反而是回到最根源的問題之處：就是我們將事情看成問題的心理投射；同時，去了解自己的心理投射，並不等於要扭曲自己去迎合外界。其實剛剛相反。

先細想自己與他人的關係：跟爸爸的關係、媽媽的關係、兄弟姊妹的關係、上司的關係、伴侶的關係、朋友的關係等等。留意用了多少年希望修復好關係，也嘗試了不少方法，但看看成效又有多少呢？一般我們深信「只要有恆心，鐵柱磨成針」，對應關係都會用同一個方法。有願心、有恆心當然重要，但若果方法不適合，單憑願心及恆心是無法修成正果的。相反，若果用對方法，短時間就可以看到效果的了。

當遇到困難時（或者關係不順），一般的手法就是希望說服對方理解自己的看法是對的，並且期待他人會捨棄自己的想法而採納自己的方法。這個手法背後有著一個態度，就是不接納或排斥現況：不接納對方的性格、覺得關係不應該這樣、不接納對方的方法等等。在不接納時，腦中就會產生一大堆念頭：「我不明白為什麼他要這樣對我？他為什麼會這樣想？我覺得事情應該要這樣子的！這樣很不對！」

當我們不斷希望做改變時，這個動作會很消耗我們的精神。為什麼？與事實抗爭，我們是永遠不會贏的。

而對方的選擇（有意或無意）都是一個事實。

若果你回想過往自己如何跨過不同的難關，你會發現，要多久才跨得過難關取決於需要多少時間才肯「面對現實」、「放下執念」及「虛心學習」，而不是困難的程度。

當能夠放下「事情應該要怎樣」，我們就接觸到「原來可以用這個方法做」的可能性了。因為這樣，難關，就迎刃而解了。

當我們不願意接受現實時，我們就會用很多能量、資源去對抗面前的狀態。但無論對抗多久，面前的狀態往往都是一樣的。如果我們無能力看清事情本貌，那麼，我們的回應並沒有正面回應面前的狀態。就像打球時，球來了，但你卻往另外一個方向揮動球拍，那麼錯過接球機會就理所當然了。

接不到球當然會難過、沮喪。因為沒有對準問題根源，所以問題一直沒有處理到。如果問題沒有處理，那問題當然繼續存在，而自己亦會繼續被影響。

所以，問題並不是面前的狀況，而是對面前狀況的思想投射。若果能夠看清事實，放下有色眼鏡，當投射沒有了，問題就自動消失。

從上文的推論就明白培養純粹觀察的能力是如此重要。這能力讓我們學習好好的專注、好好的看清楚球怎樣來、從哪一個角度來。看準發球的模式，我們才有機會去訓練接球的能力及磨煉當中的技巧。

很多人一開始就急著想專研打球的技巧，但若果連球從哪裡來都看不清楚，試問單靠技巧就能幫助你嗎？

所以當我們學習接受事情的本身，我們才有真正的能力去回應。

當我們將心力不放在排斥現實之上（繼而產生很多負面情緒），而放在切實看準事實之需要之上，我們的感受與體驗就會變得很不一樣了。當你不再與世界為敵，而是與世界互動，感受，就當然舒服得多了。你所留意到的已經不是你的貧乏，而是你的豐盛。生命，就因此而變得美麗。

在後面的章節裡，會跟大家分享佛陀如何教導我們在不同生活範疇中培養純粹的覺知力，來幫助我們釋放錯誤的心理投射及詮釋，好好的認識事情的本來面目，並將自己處理事情的能力領回來。

第五話

什麼是《念住經》1

《念住經》梵文為 Satipatthana，它由兩個字組成：sati 和 upatthana。Sati 的意思為「正念」或「憶念」，而 upatthana 則指「根基」或「住所」的意思。

正念一詞於這十年內廣泛流行起來，不過有不少人把正念的意思誤會了。正念並不等於保持平安的感覺、正向的態度；它並沒有對與錯的觀點、好或壞的取態，反而是帶著一個沒批判的、全然開放的心去觀察身心的一切運作，並且希望透過這純然的觀察去明白世間的運作模式。

至於要憶起什麼呢？我們的心常常盤旋於過去的思念、追悔之上，或者在將來的擔憂或憧憬之中。若細心觀察，你會發現其實過去的只存在腦海裡，而將來的因為還沒發生，所以也只能存活於頭腦的幻想之中。在現實上，過去與將來只存在於我們的思想世界裡。無論我們的幻想有多真實，它都只是虛構的。憶念就是憶起宇宙的運作法則，知道一切有著無常無我的印記（下一章詳細解釋），接觸當下每一刻，因為只有當下才是真實。

有一位朋友，過往他非常虔誠的跟從一位老師，十年後有次他被這位老師出賣，而大受打擊。之後他開公司，遇到員工辭職想開設自己的公司，這位朋友又覺得被出賣，生氣非常，覺得員工並沒有飲水思源。我認識這位朋友近八年，相信他一定受到很大的傷害，因為我察覺到他防衛性很強，不容易相信別人，更會常常猜疑他人如何會佔他便宜。這位朋友提醒了我們要學習放下過去，不然的話，我們只會一直轉在過去的陰霾裡。

念這個字亦是由兩個字組成：「今」和「心」。意思就是把心帶回到當下這一刻。

當心常惦念過去或者擔憂將來時，要保持開放的態度應付面前狀態的確不容易，因為利用過去或將來作比較，我們就必定會產生執著或排斥的態度。現在的條件、狀況跟過去不一樣，試問我們如何做比較呢？

所以若果心中的錨定點於虛幻之中，我們一定會感到無助。若能把心定點在當下這一刻，根本就沒有其他體驗需要作比較，這樣，我們就能有效地接觸到面前的狀況（而不是在抱怨或擔憂中），並且能因應此刻的需要來做最合適的回應。

正念除了有「回到當下」的意思之外，英文remember亦可以分拆成：re-member，有「再組合」之意。通常我們的觀點是從個人利益出發，屬狹窄、主觀的。而正念re-member的意思就是將多角度的片面認知整合起來，讓我們能更立體地接觸到完整的實相。

正念，是一個態度，並不是一個概念，是一個敞開手的態度。遇到順境時，心中的手慣性抓緊面前這景況；希望它不會改變，或至少減慢改變速度。遇到逆境時，心中的手則想要推開或壓抑面前景況，希望事情快點改變，或者希望用方法逃避。當遇到一個平常不過的體驗時，心中的手卻希望忙其他事情，把現況忽略掉。

沒有修行的話，心中之手每天就是做反應：抓緊想要的，排斥不想要的，或撥開「無聊」的。心中之手很少完全的打開，只有握緊拳頭或者用力推開。保持正念則是以一個敞開手的態度去迎接生命不同的狀況，無論是起、是伏，無論那是對內或對外。

所以，敞開手的正念並不關於「應該做什麼」，而是留意到「正在做什麼」；它並沒有一個立場、沒有一個目標。正念只是一個開放的覺察力，一個沒有否定任何體驗的覺察力。當然，正念幫助我們觀察到此刻的狀況後，我們需要定力去專注，使用適當的努力、善巧的方法，以及智慧的分析去回應面前的狀況。

Sati（正念）加上 upatthana（住所）意思是把心安住於正念這個態度上。安住意思是「安然」的「居住」，那你就可以想像 Satipatthana 的全意就是將散亂在過去與將來的心帶回當下，並且讓其心安定在正念之中。

一行禪師說：「正念是一個動詞，而非一個名詞。」我們需要持之以恆地用行動來保持這種態度，而非只靠頭腦上的了解。而四念住的練習就是去培養持續的、穩定的正念，應用在四個不同的根基之上。一行禪師也說：「正念，一定有一個對象、一個客體。」我們用敞開手的態度去觀察身心的運作，培養出觀察宇宙運行的智慧，懂得適時進退的能力及完整的正念覺知力。

認知及接納苦的存在

從小到大我們的生活模式都希望透過各種努力來避免遇到痛苦：

- 用功讀書可以避免長大後做體力勞動的辛勞工作
- 錢賺得多就能夠避免受窮困的威脅
- 努力工作就可得到他人的認可
- 工作穩定，有穩定的收入能避免擔憂。
- 利用護膚品去保養皮膚，以減慢衰老（老就失去不同程度的能力與認可）。

- 購買不同的消費品來增加生活的方便（譬如買車）
- 找個人結婚，老來有個人陪伴終老。
- 生個小孩（最好兩個），老來有人照顧。
- 努力賺錢買樓，日後安枕無憂。

雖然大家真心希望透過努力去避免受苦，不過若你能深入觀察，你會發現當進入一個局面又有這個局面獨特的不便、痛苦或困難要面對：

- 出來社會工作後發現假期不多、常受氣，相比於以往無憂無慮讀書的日子，有著更大的責任。
- 因為要努力工作所以失去了與家人相處的時間
- 得到他人的認可後，怕將來不被重用，所以要更努力工作。
- 當工作變得穩定後，又感到無聊、沒挑戰性。

- 保養品日新月異，花費變多就要賺更多。
- 變成消費品的奴隸；需要抽時間來照顧這些消費品，或者變得小心翼翼，擔心被偷或被毀。
- 結婚前欣賞大家的不同，婚後卻埋怨對方的方法跟自己不一樣。
- 有了小孩才發現根本沒可能要求孩子跟著自己的想法去做
- 很不容易買了樓房，但就被二十年的按揭綁住，還有遇到市況低迷時，就突然變負資產。

以上的例子像爬山，努力想征服一個山峰時會遇到那個山峰的困難；終於到達山峰享受那個山峰的景色，卻同時看到有另外一個更高的山峰，要征服更高的山峰亦會遇到更大的挑戰。

這就是跟我們以為的「努力就可以 happy ever after」有著很大的落差。似乎我們只學到如何站得高、如何跑得（比人）快，但卻很少學習如何在跌倒站起來。難怪就算以上清單全都得到，但生活卻還是患得患失。

佛陀說痛苦是避不了的。

首先，可以了解一下苦的定義。一般我們會將苦跟身心痛苦（譬如身體受到的傷害、心痛、離別的傷心等）作連結，但其實所謂苦同時亦包含各種不同程度的「不愉悅」、「不順利」、「不順心」、「不如意」、「不便」以及「不滿意」。

如果以上通通都歸類為苦，你就會看到，「人生不如意的事十常八九」。意思就是不順利、不滿意的事情經常都會發生。

與其窮盡一生去避免痛苦，佛陀反而建議我們好好認識苦及接納它的存在，學習「苦中作樂」。對，聽起來頗悲觀，但想深一層，若果將「揮不去的苦」視若無睹，我們的生活豈不是更痛苦？

越抗拒的會越被它控制著，接納的反而有能力控制。當我們停止抗拒或無視面前的苦況，接納它的存在，將自己從一個被害者心態拯救出來，不再活在憂慮與惶恐之中，並將能力放在解決方法之上。

若能夠增強「抗苦」免疫力，生活就相對會變得順利。

佛陀告訴我們生活裡有著不同程度逃不開的苦：

一、生

二、老

三、病

四、死

五、別離

六、得到不想要的

七、得不到想要的

八、其他由身心組成的苦

生苦

我們大多數都會覺得生是一件喜事，但佛陀看到的並不如此。一個嬰兒看似吃好的、住好的，有人照顧很爽。但試想想如果你是一個在母體內的嬰兒，自己並沒有權力控制媽媽所吃的、所喝的；你想健康生長，但媽媽卻酗酒、吸菸，甚至吸毒，你只能照單全收。如果媽媽有很大的情緒起伏，甚至有家暴的情況發生，身在肚裡的胎兒也只能被動的坐著。

沒有控制權就無法自由，沒有自由的話很難會自在。

就算你生於一個有愛的家庭，爸媽都細心呵護你這個小嬰兒，媽媽在生產過程中，都需要很大的努力及勇氣，無論是自然分娩或是破腹產子，這個小嬰兒都需要由一個溫暖、暗暗及被包裹著的舒服地方離開，而到一個冰冷、刺眼、開放的空間，還有很多不同的雜聲、不同的事情發生，而這一切都不是太愉悅、舒服的。

出生後，嬰兒要努力學習吸奶（之前什麼都不用做就會飽肚），腸胃會因為還沒運作暢順而導致吐奶。尿布髒了如果無人幫你換就要忍受著，太熱太冷又要等人來幫你調整，自己又不懂尋找食物，又不能直接告訴照顧者你的需要（照顧者可能猜錯），如果照顧者忽略了你的需要的話，就只有一直的等著……只有無助的受著苦……

成長中必然會遇到諸多的不便，聽說長牙齒的痛是所有生理痛裡面其中最不舒服的一種；除此之外，還有長高的不適、上幼稚園要學習與父母分離、要學習交際（外面的同學並不會將自己視為珍寶）、也會遇到不少限制（譬如幾點睡覺、不可以吃太多糖果、不可以隨意買玩具等等）。當適應了學校，又是時候換學校，一切又要再重新適應。到了青春期，有很多疑問或變化需要我們面對及不斷的調整。

你看，成長是好事，不過在這個過程中絕對會遇到不少的不便或不適，而這一切都是因為有了生命。

老苦

成長的後段就是衰老。我們每一天都在變老，只是未必能單靠肉眼能察覺到而已。現今社會有很多的服務與產品都幫助我們抗衰老：美容、化妝品、護膚品、生髮，以及不同的健康食品等等。我們花不少的時間、金錢與精神去減慢衰老的速度。除了衰老本身所帶來的不便與痛苦之外，有些人就算還年輕已經開始擔心衰老（在意識層面上有如已經衰老）。

衰老的確會為我們帶來許多的不便，身體的機能會隨著年紀而慢慢變得不靈活、不聽使，甚至喪失本身的功能。以前覺得輕而易舉的事，譬如吃飯、上廁所、沐浴等基本程序，都會因為身體功能的喪失而變得有心無力。若果聽力變差，越來越難去投入與家人的閒聊，同時亦因為不知道對方的想法而產生不少的誤會。當記憶力退減，想說的又忘記時，人與人的溝通就變得困難，我們就明白為什麼老人容易感到無奈、無助與孤獨。

這個注重生產力的社會不懂欣賞老年人的生命智慧，反而會將他們視為負擔，而不少老人會因為少了生產力而懷疑自己的存在價值。這一切都談不上舒服的體驗。記得公公年紀越來越老邁的時候，他失去自由活動的能力，整天只能坐著。以前他很喜歡爬山，但因為身體不聽使喚，爬山就變成妄想或回憶。若果沒有身心靈的修煉，的確容易會覺得整個靈魂被困在身體的牢固裡，而這個感覺的確是沒有人希望體驗的。

每個嬰兒剛出生時凡事都要靠人，譬如換尿片、吃飯、洗澡等等。當他一天一天長大的時候，他能夠得到更多的能力與自由，不需要等他人抱就可以按照自己的意願爬到想去的地方。能夠走路時限制又少了：因為能站著，所看到的、摸到的、探索到的就更多。之後自己可以有意識的跟他人表達自己的意願，除了可以自己拿東西之外，還可以使喚他人！其實我們一生的能力就像跟人生圖書館「借」回來，到老時我們需要一樣一樣慢慢歸還。

將能力歸還的時候，所面對要放下的課題是多麼的巨大啊！這一切都充滿挑戰與困難。

病苦

生病絕對不是一個舒服的體驗。

就像這幾年橫行的新型肺炎：有病的，自然有不適，若身為長期病患者，年紀比較大或小的，當然會更擔心；與此同時，無論有病無病，大家的生活秩序都有著不同程度的改變。

生病時身體的自由被暫時扣留：想做的未必有能力（運動、計劃），不想做的卻要做（譬如臥床休息、打針、治療，甚至改變飲食習慣）。除了身體不適之外，情緒、思緒，甚至與家人的和諧都有可能被影響。

生病，除了為病者帶來不便之外，亦會為照顧者帶來一定程度的負擔，無論是財政、體力或精神負擔。

話雖如此，生病絕對是每個生命中必定遇到的體驗；不論你幸運與否都會生病，而生病時也定會為患者帶來不同程度的不便，問題只是多與少而已。

死苦

這個苦就應該不用多說了。我記得其中一位正念啟蒙老師 Frank Jude Boccio 說：「地球就像一個『臨終照顧所』，每人來到地球都『必死無疑』。大家都清楚這一天會降臨，只是不知道是什麼時候，以及如何離去。」

特別是年輕時，我們會覺得死亡離自己很遠，但其實體內的細胞每日都在經歷生與死。身體的細胞每七年「重新更換」一次，所以其實死亡一直都陪伴左右。

就算身體的死亡還沒發生，但有不少人卻在臨終前早十幾年（甚至有些更早），已經因為死亡而感到不同程度的焦慮。有人希望老來能被照顧，所以生小孩，但卻忽略了其中的「代價」。

死亡絕對是生命中一個最大放下的考驗，放下家人、金錢、地位、過去的風光、遺憾等等。

別離

正所謂天下無不散之筵席，與相愛的人聚在一起的確是一種幸福，不過這幸福並不能永遠維持。一生中少不免會遇到跟自己喜歡的人或事別離，別離可以不同方式呈現：跟朋友失去聯絡、翻臉、離婚、搬家、移民、分手、疾病，甚至死亡。

我記得中學剛移民到加拿大結交到第一個朋友 Joyce，我們「出雙入對」，有她在，讓我感到舒服，不會覺得自己一個獨自面對新環境。可是，一年後她一家要搬到另一個城市，那時，我覺得整個世界好像塌下來了！有一段時間午飯獨自坐在走廊，一邊吃飯，一邊想著這位好友，不禁落淚，有其他同學經過想關心我，但我卻因為不懂得處理內在的孤獨感而將同學罵走。

除了這個經歷之外，之後都有因好朋友突然離開自己的圈子而感到自責及哀傷，甚至有某些關係因為對方的離開而用了多年才能釋懷。

除了大別之外，日常也常遇到小別，即便沒有像大別帶來那麼大的痛苦，但小別亦需要我們調整身心來適應新環境、新狀況。別離是會為我們帶來不便、不舒服、不滿足感，以及痛苦。

得到不想要的、得不到想要的

看看自己不開心的事情，其實很多都圍繞著得不到自己想要的（人、事、物）；或者，你不想要的、礙眼的就出現在面前，揮之不去。

我的十六個月大的兒子，總覺得他人有的比自己的好；就算大家都是拿著同款的筷子、同樣的食物，如果自己的心覺得他人有的比自己好，就會為我們帶來各種忌妒、憤怒、委屈和不舒服感覺。

其他由身心造成的痛苦

當我們遇到不同的際遇，身體會有不同的感受，頭腦會有著不同的想法，心裡會有著不同的情緒，意識有時模糊有時清醒，這些通通都會造成不同程度的不舒服、不自在的苦。有時痛苦的狀況並不是完全在自己的控制之中，可能是外在環境因素，同時也可以是因為外在環境造成的一些內在不安，以下是之前刊登在《溫暖人間》專欄的一段關於我們一家被送往竹篙灣隔離營的文章：

在營裡的第七天，我們收到民安隊發來離營的通知。正將行李搬出房間時，一位民安隊員說：「你們三人中只有兒子與先生可以離開，因為沒有你的出營紙，所以你不能離開。」

當時我覺得非常詫異，緊密接觸者是兒子，我與先生只是自願陪同小孩隔離，為何到最後小孩可以離開，而我卻被留下？

我們走到閘口，打算跟民安隊上司溝通，覺得應該能解決誤會。怎知得到的回應是：「其實我們都很詫異，之前已請示上頭，但因為要有出營紙才能離開。我們唯有跟指引做，很抱歉。」先生此時震怒非常，大罵民安隊。

那一刻彷彿看到大家在上演一場戲：每人有著各自的角色、反應與對白；民安隊有民安隊的對白；營友有營友的對白。每個人的反應都是空的[2]；每人的反應因應各自的角色及條件限制而有著某個特定的顯現。那一刻我體會到如果我是民安隊，我所說的並不會跟他們說的有太大出入；若果我是我的先生，我也會一樣憤怒；若果我是我的孩子，我都會有著那份無助與傷心。

回到營內，我能深深感受到前幾晚營友的無奈：打了兩個小時不通的電話，就算接通都只是說要等等，甚至告知沒有入營資料。

我深深體會到無助、焦慮、徬徨、急躁，以及五蘊的空性：當遇到某個局面，難免會產生某些感受。縱使有禪修練習、有覺知，但那些情緒並沒有因此而減少。不過，唯一的不同就是覺知讓我深入理解到情緒並沒有好壞，「我」並沒有好壞，一切都只是因緣和合的現象。

感恩，數小時後收到通知可以離開。

以上的體驗可以告訴我們，就算有多年修行，當遇到某一些突發的局面，我們都會有著身心的困惑。當然，希望透過修煉可以將痛苦的時間儘量減短。

以不否定的態度去觀察苦

聽到這裡不少人會覺得佛學很悲觀。其實並不如此，這只是對於事實的第一發現，如果只聽到第一發現就下定論，大家就不能對佛陀的教導有完整的理解。

如果每個人、每個生命都會遇到上文所提及的八種苦，若將之視而不見，究竟會為我們帶來更好或是更壞的際遇呢？當一日「預測不到」的苦降臨時，人們會因為手足無措而感到驚訝、惶恐、憤怒，甚至自責。但若能未雨綢繆，當苦降臨時，我們也會因為已做好「預防措施」，而減低負面情緒的產生，能（比較）冷靜地處理或面對眼前的狀況。

那是應該好好確認它的存在而學習如何共存呢？究竟哪一個方法是比較進取？哪一個比較被動呢？究竟認知苦是否悲觀呢？我覺得不是。這只是去認清事實的本性，要知道觀察跟把事情悲觀化是很不一樣的本質。

當我們能夠好好的確認到苦的存在，不去逃避、壓抑，我們自然會看到苦的成因。

苦有原因

疫情前，我們一家三口到了紐西蘭一趟。兒子從出生到一歲多家裡一直有傭人幫忙打理家務、準備飯餐，所以這次出行對我來說絕對是一個壓力，除了因為沒有私人時間之外，要處理三餐並不是一件易事。

自己本身要求高，可以的話希望能準備好吃的食物、可以的話希望每天做一些不一樣的……到了那邊才發現食材跟亞洲的很不一樣，連住宿那邊的煮食工具與調味料都不一定齊全，再加上我們不時搬家，每次都要重新適應新廚房。在嘗試不同菜式、欠缺調味料，以及「沒假期」的情況下，我感到自己越來越不享受這個「假期」。

因為待在家裡會覺得比這趟旅行來得舒服。

我不斷抱怨：「哎呀，我不知道可以煮什麼啊！好難啊！這裡沒什麼廚具可用啊！啊，我很想去上瑜伽課啊！我的身體好累啊！」先生反覆接受我的投訴，幾個星期終於受不了，他的態度異常冷淡。當我問他箇中因由時，他對我的抱怨感到極其煩厭，就像是他陷我於不義一般，說：「若果你覺得煮飯辛苦，有壓力，我們就出去吃吧！」

「我擔心小孩因為不適應外吃，每天只吃麵包，那對於他皮膚的狀況不好……」我說。

「那我們就點意大利麵給他吃吧。」

「他每天都吃意大利麵營養不太均衡嘛。」

「他不介意的。」

我們就這樣拉鋸了好幾天。之後先生說：「如果你覺得想要去做瑜伽，你就去吧，做你要做的事情。」

「但是，我就這樣把你倆掉下嗎？」（我抱著己所不欲、勿施於人的態度，想著若果我不想先生掉下我倆，我當然不容許我掉下他倆！）

「其實我很享受跟兒子一起的，沒問題，你去吧。」

因為我的投射讓我對先生說的話打了折扣，所以我會覺得先生只是說說罷了。可能因為我已經覺得沒空間去「享受」與兒子一起的時光，所以我會覺得先生亦不能真的享受與孩子的時間。因此，我沒有容許自己放鬆下來，並且繼續抱怨。

又過了好幾天，大家的對話跟上面的差不多。慢慢地我發現：其實兒子、先生沒有要求我煮飯、沒有要求我每天要有不同菜式、沒有要求我弄的很好吃、沒有要求我每天都要跟著他們一起，其實他們容許我做我需要的，唯一不容許的人就是我自己！

從以上的例子裡，雖然有很多天我知道正在受苦，但我看不到受苦背後的真正原因；我以為我的苦來自煮飯、來自要放棄自己私人時間、要做出很好吃的東西，我以為他人要求我達到以上目標。但，感謝先生的回饋，其實真正的苦來自否定自己的需要。

很多時當面對痛苦時，我們會以為是外在因素，不過透過深入的觀察，我們可以認識自己對事情的觀點、想法、情緒、假設、期望，以及渴望。當能夠有效地看到問題的關鍵所在，我們才能有效地找到處理方法。

知苦離苦

佛陀教導當我們能夠深入的去觀察苦，我們就能夠知道苦的源頭。就像以上例子，當我無條件的去觀察自己的苦、自己的抱怨，再深入的聆聽內在聲音時，不難發現原來我的苦並不來自外在條件，並不是因為沒有傭人、並不是因為去紐西蘭、並不是因為要煮飯、並不是因為我不可以外出，而是我對自己的不容許。

當我發現這個原因，我發現若果要令自己快樂（因為我不快樂，我的負能量會影響家人），我必須要作出改變。我不可以坐以待斃，只是以受害者身份去不斷抱怨。我發現，那一刻，我要做的，就是練習容許自己不煮飯、容許自己出去做一堂瑜伽，甚至去按摩等等。我發現更深層的練習就是，當我容許自己不煮飯、出去一會兒，其實同時我亦在練習對先生的信任。原來我並不信任他是真心享受與小孩一起、我並不信任先生是真的支持我離開、我也不信任當我離開他們還會好好的。

若果我不練習離開，我根本不能讓先生與小孩證明給我看他們還會好好的、我不能讓先生證明他有足夠能力照顧小孩，而且他是完全的支持我；同時，就算我沒有做到媽媽「應該」做的事情，我也會被愛的。

要容許自己並不容易，因為要面對罪疚感。原來我想逃避內在的罪疚感而不斷勉強自己，但到最後卻弄巧反拙。

我開始發現到，無論哪一個選擇都有利弊；無論我抽身不抽身，兩個選擇中都有代價（苦），問題是：哪一個苦比較少？哪一個苦可以讓我學習及進步？哪一個決定能為自己與他人帶來最高的真善美呢？

我發現：若果要教導小孩為自己的幸福著想，我也必須先以身作則。我知道，先生希望看到一個開心的太太，而非整天抱怨的太太。因為先生希望我開心，但我的抱怨容易讓先生覺得他委屈了我。

所以，我需要學習面對不能逃避的罪疚感。其實這罪疚感一直都在，小時候若果爸爸買玩具給我，或者帶我們去旅行，他會不斷說我們有多幸福，我們並不知足，因為爸爸小時候並沒有我們那麼幸福，所以我們需要感謝他，我們要珍惜……原來這些話語讓我覺得我不值得被好好對待，就算我有好的體驗我都應該感到羞愧……

這一趟紐西蘭之旅的後期，我開始容許自己若果沒心情煮飯，就要嘛煮簡單的或到外面吃。需要離開一下嘛，我就容許自己離開，相信先生可以承擔的。當我讓自己離開幾小時，我發現回來時我整個人不同了，笑容滿臉，能耐力多了許多！

知苦，是第一步，之後要好好練習，才能離苦。

有時，無論怎樣，都有一定程度的苦，但有智慧的人並不會因為兩個選擇都有苦而停在分岔口，反而會去選擇比較少苦的一條路來走，這樣，一切就變得比較能處理了。同時，當「不如意」事情發生時，知道這是生為人並不能完全避免的遭遇，而不覺得這是衝著我而來，這樣，就更可以放過自己。絕大部分的痛苦都來自於太介意這個、那個、不放過自己、不放過他人、不接納事實就是如此等等。當我們能坦然的接納事實的本身，我們就能減少抗拒排斥的動作，心自然能容易釋懷，而我們就可以將能量放在解決方案上。

有個學生曾問我：「我需要觀察情緒多久它才會消散？」這是一個我相信每位修煉者都想知道的問題，但其實這問題包含了一些有趣的假設：

一、情緒離開了就永遠不會回來

二、沒有情緒就沒有「問題」

三、有情緒是不好的

我細心想了良久，其實在我多年觀察情緒與念頭的體驗中，我發現：

一、練習純粹觀察可以讓情緒紓緩下來

二、情緒紓緩下來後，可以更清楚覺察到情緒背後的念頭。

三、純粹觀察念頭可以接觸到背後的期望及渴望（譬如被愛、被接納、被同理等等）

四、學習調整期望，就算調整不到都可以接納暫時未能改變事實的事實。

五、清楚深層渴望，容讓自己去照顧及滿足這深層渴望。

六、不怕面對情緒（以致每次情緒出現不會因為排斥情緒而產生更多的情緒）

七、不怕面對負面念頭（因為念頭只是一個念頭，而「負面」只是一個詮釋。）

八、不怕面對失敗（因為失敗只是事實的一個解讀），有能力重新開始。

九、慢慢達到純粹看到事實的原貌（有接納事實的能力）

雖然純粹的觀察並不會將所有苦剷除，不過卻可以有效地將不少心理上的苦減少（譬如對事實排斥的苦、將問題誇大的恐懼、將已過去的仍自責、不捨等痛苦）。當心理上的苦減少了，「問題」就顯得「小了」，這樣，我們就相對上有能力去處理事情了。

純粹觀察絕對是一個能力，而這能力需要有效地維持的。因為我們遇到苦就希望避得就避，所以在訓練觀察苦的過程中，一般都會往前三步後退兩步。觀察是第一步，之後就要靠身體力行的行動才能完全幫助我們脫離苦海！

此外，除了覺察力與行動之外，我們亦需要有智慧認清走的方向是否正確。若果越走越自在、越心安理得、越放下、越包容自己包容他人，那就知道方向正確。反之，若果走著走著，越覺得勉強、越沮喪、越懷疑自己懷疑他人、越多情緒起伏，此時，就要重新審視練習方法與態度了。

培養純粹觀察的能力

《念住經》記錄了佛陀教導我們如何以一個純粹的、開放的、清晰的、包容的，以及持續的態度（即正念），運用在身體、感受、心境，以及宇宙法則四個維度中。每個維度越來越細微，而越細微的維度就越具影響性。

在這裡與大家分享佛陀對《念住經》的介紹：

《四念住經》[3]

直接之道

諸比丘！為淨眾生、為度愁歎、為滅苦憂、為得眞諦、為證涅槃，唯一趣向道，即四念住。

解說：

佛陀講授時大部分時間都有著一群學生（稱作比丘）在旁聽課。而這次佛陀跟學生們介紹一個最直接與正確的方法幫助大家淨化身心、遠離悲傷、憂愁、慨嘆，滅除生命中所遇到的痛苦及不滿之感，洞悉宇宙運作的真諦，看透當中的運作模式，並領略到真正心的自由。這條離苦之道稱為「四念住」。

在「修得正果」之前遇到的每一個體驗，都會因為頭腦的假設及詮釋，阻礙我們去接觸事實的全貌。因為自己的觀點與角度，我們的詮釋在某個特定角度是可以理解的，甚至是對的，但因為欠缺了宏觀，所以很多片面的認知跟事實的全貌可以有很大落差。

前天兒子早餐後不斷說要吃果仁、小吃，先生覺得兒子應該肚子餓，所以我們就給一些果仁及水果給他，但他就吃完一份再要一份……我開始希望減少給他的份量，因為不希望他吃太多雜食，免得晚一點沒胃口吃午餐。不過先生就覺得兒子這陣子食量增加，不應該減少小吃。之後我提議說若果真的肚子餓，不如早一點吃午餐，這樣比較有營養。這是一件很小的事情，不過就可以看到我與先生大方向都是相同，不過片面的想法不一樣。（當然，其實我們無從稽考兒子是否肚子餓，這是我們片面的猜測而已。）

很多的假設與詮釋都跟過去的體驗有關。就像以上例子，因為我很少吃零食，所以我會假設吃零食就是對身體沒益處。但先生會吃餅乾、薯片等零食，所以他覺得吃一些倒沒所謂。其實大家的想法都沒問題，但若果我們覺得只有自己的想法才是正確，我們就會遇到不少煩惱了。

若自身的體驗被潛意識的假設及詮釋限制，那就不能體驗真正的自由了。試想想：若過去曾經試過在海裡游泳遇溺，繼而對游泳產生了恐懼，那麼這個恐懼就會限制了自己的選擇。譬如假日小孩想到外面走走，伴侶提出三個選擇：到海灘游泳、去爬山或騎單車。但因為對游泳的恐懼而變得只有兩個選擇了。對，雖然我們還有選擇，但若果能超越對游泳的恐懼，我們的選擇就會較廣，選擇越多，當然就越自由！

其實大部分人在日常生活中被很多概念、想法、體系限制著，不過沒有很多人有這個覺察。沒有覺察就像被綁在樹旁的動物一樣，只能在有限範圍中生活。所謂涅槃就是一種心的自由，而詠給．明就仁波切（Yongey Mingyur Rinpoche）對涅槃有此解釋：

> 對涅槃的詮釋是，採用一種更開闊的觀點來看相對世界中的種種經驗，及接納所有體驗，不論快樂或痛苦，全都是覺醒的展現。大部分人當然都指向經歷快樂的「高音符」（High Notes），不過，最近我的一個學生指出，若是將貝多芬的交響曲或任何現代歌曲裡的「低音符」（Low Notes）都刪除，樂曲就會變得很粗劣且空洞。

把「輪迴」和「涅槃」當作是一種看待事物的觀點，應該是比較貼切的解釋。

輪迴是以「界定或辨認經驗是痛苦或不悅」為基礎的觀點，而涅槃則立基於「心完全客觀的狀態」，既不評論，接受所有體驗。

當我們能夠對生命有一個比較廣闊的視野，其實有很多的情緒、困擾、痛苦就不藥而癒了。當我們對苦有一個更廣闊的理解，我們可以有一個新的解讀方式，這就是所謂的超越苦了。同時，若能對二元世界的對立性有一個更廣闊的認知，我們可以減少人性弱點對自己的影響。

要擴闊視野，除了需要有明燈指引之外，更重要是身體力行地應用於日常生活中，透過不斷的學習、觀察、反思與應用，慢慢從自身體驗中親身體會宇宙運作的智慧[4]。

明白宇宙運行方式是非常重要的，因為無論你相信與否，你都是被這些法則牽引著。就像你不需要「相信」有地心吸力，你還是被這個定律影響著。倘若你嘗試反著地心吸力而生活，你會發現困難重重，吃力不討好。同樣地，如果我們的生活方式並沒有循著無常與無我法則而行，將無常認作恆常，明明事事環環相扣，就以為單靠一己之力能改變世界，這真的是愚夫的行為啊！

在這裡，佛陀告訴我們一個好消息：生命並不苦困，要領悟到這種喜樂，就得要四念住這個方法！

定義

云何為四念住？

諸比丘！於此，比丘於身觀身而在，精勤、正知、正念，除世貪憂。

於受觀受而住，精勤、正知、正念，除世貪憂。

於心觀心而住，精勤、正知、正念，除世貪憂。

於法觀法而住，精勤、正知、正念，除世貪憂。

解說：

四念住有分四個維度，分別為身體、感受、心理活動及宇宙法則。住的意思就是「安住」、「在其中」、「在裡面」的意思。

以第一個維度來說，我們要把覺知「安放」在、或者讓覺知「投入」在身體裡去做觀察。對於「住」這意思可以如此想像：幻想身體是一個游泳池，我們（意指覺知）跳入這個泳池作觀察，而不同的維度就指不同細緻度的存在，譬如水的質感、溫度、浮力、水質、微生物、化學物等。

這個觀察方式並不是一種遠距離的觀察（譬如站在池邊作推測）；而是要「跳進去」、「融入」、「投入」的觀察，所以四念住是關於回到內在去觀察身心的感受。（一般我們會觀察及批評他人，但很少會覺察自己。）

除了投入到對象內（這裡指身體）觀察外，還需要配合堅持不懈、清晰、開放及包容的四種態度，並放下「事情應該要怎樣」的執著與擔憂。你看，佛陀總共苦口婆心的叮嚀了四次，可見這些態度有多重要！

說真的，很多時大家練習《念住經》會忘記這個大方向，會不期然想將自己觀察到的、留意到的狀態力挽狂瀾。不過，其實我們不需要做任何更正、修改，我們只需要純粹觀察。因為覺知是有自然修復的力量。

精勤的意思有兩個：「精」與「勤」。精的意思為精準、正確。如果你很努力，但把努力放錯地方，那無論你多努力，結果都是徒勞無功的。所以準確很重要。那怎知道自己做得準確啊？它需要如實的反映出事實，並沒有包含任何偏見與假設才叫做準。譬如呼吸覺察到就是覺察到，覺察不到就是覺察不到；呼吸長就是長，短就是短，沒有任何猜測、推斷，這才叫做準。

若果努力但方向不對都只會徒勞無功。所以，若我們的修行有努力，但不準確，我們並不能脫離心中的恐懼與思想限制，得到心的自由。

勤的意思就當然是努力的意思。但努力並不是一味努力，夠拼搏精神就夠。努力的程度需要配合實際需要，有時放鬆才是適當的「努力」。譬如天時地利人不和時，等待（而非不斷努力衝破困局）反而是比較明智的「努力」。所以努力亦要識時務，懂得拿得起、放得下的柔韌度才是「勤」的意思。

四正勤

在佛學的教導中，勤有四種，稱為「四正勤」。正的意思為「圓滿」、「完善」、遠離貪與惡，依照無常無我的宇宙法則而作，所以「正」並不是指對與錯的對那麼簡單。一行禪師用一個很簡單的方式去解釋四正勤，在這裡想與大家分享：

① 已生惡令永斷

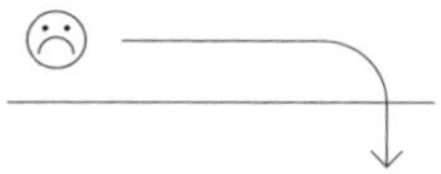

② 未生惡令不生

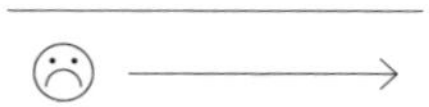

③ 未生善令得生

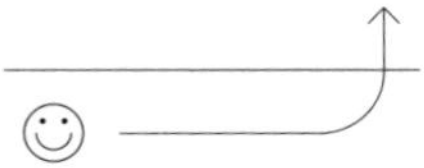

④ 已生善令增長

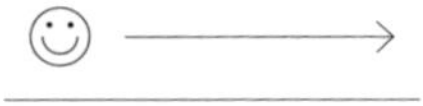

因為我們並不能移除任何潛在種子，所以修行是一個持久的練習，就像做運動保持身體健康一樣，並沒有所謂的一勞永逸。話雖如此，就如大部分有恆常運動習慣的朋友都知道：開始永遠是最難的一步，但若果能持續一段時間，慢慢就能看到效果、成績，這美善的效果就會變成練習的推動力，慢慢會變成一天不做運動就渾身不自在呢！當我們能夠嘗到內心的平安與自在，我們就不能夠再回到渾渾噩噩的狀態了。

一行禪師說過，每個人都有著成為佛陀的潛能，同時也有變成惡霸的可能，關鍵就在於心田是一個怎樣的環境。透過正念練習我們可以從覺察去知道心田的狀況，純粹看到不同種子的萌生；透過善巧的選擇，我們可以改善心田的土壤，讓美善的種子得以成長。

四正勤有四個部分：

一、**已生惡令永斷**：若果此刻心中有著負面情緒、不善念，透過將覺知回到當下，完全專注於面前所做的事（譬如刷牙），這樣，因為沒有排斥或放大負面情緒，我們可以將不善念引導回到藏識的休眠狀態。

二、**未生惡令不生**：若果此刻心中並沒有負面情緒或不善念，我們希望透過練習將不善種子保持在休眠狀態。譬如此刻心中沒有負面情緒，就避免去想一些讓自己不愉快或擔憂的事情。

三、**未生善令得生**：若果此刻心中沒有善念，或者沒有太多正能量，可以透過練習去提升自己的正能量或善種子。多做讓自己感到滋養、喜悅的事情。譬如找善朋友聊天、行山、做運動、坐禪、行禪、畫畫、寫作等等。有次跟一個學生聊天，這位學生比較容易焦慮及憂鬱。由於新型肺炎疫情爆發，她非常擔心自己被感染，所以也特別留意新聞，可是新聞越看得多人就變得越焦慮。我邀請她重拾自己喜歡的事情去做，她本來有學畫畫，但因疫情關係畫室關門了。我建議她考慮網上畫畫課程，買些需要的工具，這樣就算在家亦可以繼續這興趣。她開始重拾畫筆，我亦看到她越來越輕鬆自在。

四、**已生善令增長：**如果心中有著喜悅、平安、正能量，我們就練習保持心田的善種子繼續茁壯成長。

謹記，勤的意思並不是盲目的努力，而是有方向性的、剛柔並濟地善用自己的力量！

正知

下一個需要培養的態度就是「正知」。「正」的意思在四正勤裡提過了，就是要完整、正確，就是沒有貪婪、仇恨或煩厭，同時在日常生活中的行為，要與宇宙運行的真諦（即無常與無我）並行。而「知」的意思就是清楚，清楚知道每一刻身心的狀況與變化。

很多人以為自己很清楚自己，但其實清楚自己的人並不多。有位學生她一直都生活得愉快幸福，雖然她有禪修，但卻不太覺得佛法會對她有什麼大幫助——因為她覺得生活上沒什麼需要改善。自疫情開始，她與先生分隔兩地，慢慢發覺以前有的生活方式與幸福感並不是必然。這樣變成「單身生活」，以前覺察不到的孤獨感、被遺棄感全部都浮上面，讓她很不舒服。她說：「這個充滿孤單失落悲傷的不是我啊！」我反問她：「抑或這並不是妳一直努力塑造的自己？」她說：「對，以前外表很剛強的我，其實並不是真的自己，連我自己都被騙了！其實每一個面向都是自己！」

這就是所謂的不清楚。話雖如此，有時時機未到，我們的確很難看到某一部分的自己。所以，有時肯承認不認識自己，總比自以為很清楚自己來的好，起碼若果我們承認不認識自己，我們可以有一個開放的心去認識自己，而不是一味努力去塑造自己。

學習誠實地面對每一刻的自己：清楚就清楚，不清楚就承認不清楚，不清楚不需要勉強去搞清楚；若果此刻很混亂，就只需要知道此刻不清楚，那你就很清楚自己不清楚。若勉強自己要搞清楚，你以為自己很清楚，但其實一點都不清楚。

所以，「知」的意思就是知道，而不是「應該」要變成怎樣才叫好。無論此刻狀況如何，「知道」、「清楚」，就可以了。細看之下，「知道」包含了「正念」這個元素在其中。

帶領呼吸練習時，我會這樣提供指引：「留意正在發生的呼吸，無論它是長是短、是深是淺，純粹去觀察這個『無添加』的呼吸。」雖然指引強調留意自然的呼吸，可是不少同學，特別是初學者會因為對呼吸的專注而不自覺加深呼吸。

這個簡單例子就反映出很多的「覺察」裡面包含了無覺知的「想將事情改變」的態度。

我想這是因為從小到大當父母、老師或其他人要我們「留意」或「注意」一些事情時，往往都是因為做得不好所以有更正的需要。若果已經做得好的事情，因為沒事要「處理」，所以我們就不需要留意。因為從小的薰陶，要去留意的是因為有地方需要改變，否則可以不理。所以當練習正知時，的確需要一段時間去練習純粹的覺察。

正知就是純粹的知道，並沒有包含任何假設與預期的結果。若果沒有任何假設，那就當然是正念的觀察了。正念的態度容許我們以一個平等的、開放的、敞開手的態度去迎接面前的一切。

除世貪憂

無論觀察到什麼，無論對象所呈現的狀況是好的、壞的；多的、少的；高的、低的；大的、小的，我們都練習純粹的觀察，不去勉強或者改變對象的呈現。可是大部分人窮盡一生希望將壞的變好。如果有好的，我們會希望努力維持。當然，這絕對是人之常情。可是，佛陀教導我們就算擁有再好的，若環境與條件不足夠支援某個狀況顯現，改變是必然的。

多年前先生與夥伴於香港大學開了家素食店，頭幾年大家都公認食物品質好、服務態度好、公司的文化亦好，加上鄰近有佛學研究中心，所以完全不愁沒有生意。正當大家都覺得這個投資項目應該是一個「鐵飯碗」——總之能做好餐廳本分，這生意應該可以一帆風順、長做長有。

可是，世事難料。二〇一九年下旬開始，因為香港的社會運動，多間大學被迫停課，餐廳的生意一落千丈。本來以為到了二〇二〇年春天學校應該可以復課，生意應該可以慢慢恢復。可是，自農曆年開始新型肺炎爆發，各學校因為要保障同學與員工的健康而暫時關閉，餐廳的營業額每個月都是負數。目睹這事件讓我看到就算盡力做好本分，但沒有外在條件配合，成功也非必然。

順境時，我們可以好好享受，因為知道這只是因緣俱足的呈現。可是，當你開始執著覺得「這才是對的」，那當條件不在容許狀況這樣呈現時，你有多執著就會變成有多抗拒、排斥。

貪著與憎恨是硬幣的兩邊，它們的相對關係可以用鐘擺來比喻。若果綠色的球代表「好」的事情、如意的事情、順境的事情、喜歡的事情，當條件並不能夠允許那個狀態繼續呈現，狀況就會改變。視乎自己多執著於事情「一定」要怎樣，當愉悅的狀況改變時，很自然就會變成「不是自己想要的」模樣。

期望或執著越大，內心對於那對象（人事物）所產生的「引力」就越大（如A箭頭）。當對象的呈現方式改變時，執著的引力就會擺到另一邊，從而對改變有著同一程度的排斥感（如B箭頭）。

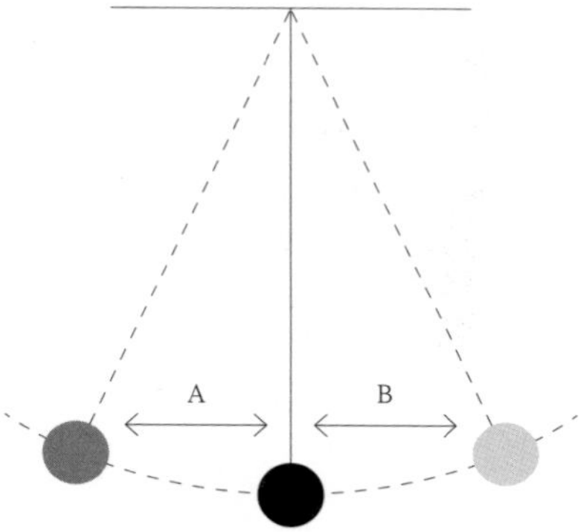

佛陀教導我們要用平常心去看待一切，是因為對於某結果貪著越大，但條件不在，我們就必定會體驗到執著的另一端，有期望便演變成失望、無奈、悲傷、憎恨

或者其他情緒。

擁有平常心是何等重要，不過在此亦要提醒大家，我們亦需要用平常心去看待平常心本身；平常心是一個態度，而不是一個絕對。如果你一直要求自己保持平常心（但卻沒有真正對一切保持平常心的態度），你只會被自己大堆頭腦上的概念綁著，變成一種內在的自我抑壓。這樣的平常心並不健康，那是對平常心的一種執著（覺得平常心一定是怎樣怎樣）。

除世貪憂的意思是：如果你看到自己有執著心，就純粹看到有執著心，這樣你就沒有對「沒執著」執著了。

總結：

練習《念住經》，我們需要投入到觀察對象之中做觀察。而觀察對象有四：身體、感受、心念及宇宙運作法則。觀察時，需要保持這幾個態度：正確的用功、完整的留意、清楚知道對象本身的呈現狀態、有開放的心，以及放下覺得什麼是應該、不應該；純粹的觀察。

雖然只有幾句話，要做到真的要下很多功夫啊！所以，不用對自己要求太高，因應自己每一刻的能力範圍內盡力，做得不好嘛，不要緊，原諒自己，重新再來！

1 此書並不是《念住經》的翻譯本。如有興趣多了解《念住經》，可參考書後的參考書目／延伸閱讀。

2 有關空性請翻閱第六話。

3 林崇安：《南北傳內觀基礎佛經》，大千出版社，二〇一一年，頁六十四至九十二。

4 請翻閱第六話。

無常無我之宇宙法則

無常，大家都聽得多，甚至會掛在嘴邊：「嗯，一切無常啊！」大家對無常這理念並不陌生，但試問有多少人會循著無常這個宇宙法則去活呢？曾經在一個工作坊裡，安排學生們兩人一組面對面坐，邀請大家練習看著對方的臉。大家可能會因為盯著陌生人而感到尷尬（其實我們都很少會仔細看熟悉的人的臉），所以大家不期然就將目光轉移到其他地方。練習後大家都反饋說：「有些尷尬」、「不好意思」、「不知道要看什麼」、「不太自在」等等。之後邀請大家再嘗試一次，不過就多加入一個指引：「今天將會是面前這朋友生命的最後一天，請你坐在這位朋友面前看著他／她。」大家開始認真的練習起來，深深看著這位熟悉的陌生人，有些甚至開始流淚。

透過這簡單練習大家能領略到以無常為本的生活態度：每一刻都是一個道別、一個相遇，因為下一刻將會變得不一樣。

究竟為什麼一切會無常呢？這個我們就需要知道無常背後的原因——無我。

因與緣

任何一件事的發生必須要有不同的條件與原因組成，正所謂天時地利人和，加上個人的意願與努力。然而，因緣這詞我們聽得多，那到底是什麼意思呢？

因所指為原因，而就算兩個人做同一件事原因也未必一樣。譬如為什麼你現在會翻這本書呢？可能你想改善身邊的關係、可能你之前閱讀過我其他作品所以對此書有興趣、可能是朋友介紹、可能想知道如何將佛學落實到生活等等。每人於不同時間翻閱此書時都有著不同原因（就算同一個人在不同時間翻閱都可能有不同原因），若果條件改變，導致你沒有需要去滿足那個原本翻書的原因，我相信你就不會再翻開這本書了。

緣所指的就是機緣或者其他條件的配合。你翻這本書的原因是因為想更清楚如何將書本的智慧運用於生活中，但同時亦需要有著各種環境與條件的配合，譬如時間、金錢、懂得看中文、三聯的支持、Janet 寫這本書、對靈性修行的興趣、生活上的阻滯（如果生活一帆風順，相信你並不需要翻閱此書），或對未來的祈望等等。

若沒有因，你不會翻閱本書；但若因並沒有足夠機緣配合的話，你亦不能翻開本書。所以，能讀此書並非偶然。一切的發生需要有因與緣的配合。

一切呈現需有因＋緣

要你於此刻翻到本書此頁（我們將此刻這動作稱為現在這瞬間「NOW」），需要有一系列的因緣聚合才能發生。譬如你翻閱的主因是因為希望將佛學智慧應用在生活中，我就會用下面的方程式來解釋：

想將智慧落實生活中＋時間＋金錢＋中文能力足夠＋三聯出版社＋Janet＋自己對修行的興趣＋過去的痛苦＋對未來的願景＋……＝ΣNOW（此刻翻閱此書此頁）

當下一刻的體驗是所有因加緣的總和。我用了數學的Σ符號來代表總和。若以上任何一個條件不俱足，你都沒辦法於此刻閱讀到此頁。

除此之外，每一個原因（因）及條件（緣）背後亦有相對的因緣配合才能以某一個形相顯現。我們就抽出上面其中一個條件來探究一下，譬如Janet寫此書時的狀態，背後需要有哪些因緣的支持才能顯現：

有人幫忙照顧兒子＋時間＋對寫這本書有興趣＋身體健康＋有知識＋過去的痛苦＋以往遇到的恩師＋移民加拿大＋第一個上司＋第一個學生＋家庭培養＋爸媽＋……＝ΣJanet NOW

你看，要讀到此書需要的其中一個條件（Janet），而單單這一個條件背後已經需要那麼多因緣支持才能顯現；少一項也不會成為現在的我，不能寫出此書。上面的條件看似與你無關，但實際上卻是息息相關。

來分析多一項條件——「對修行的興趣」背後的因緣：

生活上的不圓滿（身、心或靈上）＋曾讀過的書籍＋遇上的朋友＋恩人的啟發＋對生命的憧憬＋過去的體驗＋……＝Σ修行的興趣 now

若果我們每個因緣都如此深入觀察，你不難發現每個因緣背後都被千千萬萬個因緣支持著，而每個呈現可以是某某的因，也可以是另外一個某某的緣；同時，也可以是某某的果；一個呈現既可以是因亦可以是果。每次想到這點我不能不臣服於宇宙的神聖與偉大。

再回到「閱讀這本書」的當下（Σ now），驟眼看是十個因緣條件組合而成（其實因為篇幅有限而只寫十個條件，實際因緣遠多於此），而每個因緣背後都至少有十個（實際應該是無窮無盡）因緣配合的話，現在已經有一百個因緣聚合來成就你「此刻閱讀此書」一事。若果每個輔助因緣都繼續深究下去，你會發現你並不會找到因緣的盡頭。

能讓你坐下來翻這本書，是否只靠你有金錢、時間和興趣就可以發生？當中牽涉多少人事物？推想開去，某程度上，能翻這本書是否跟全世界有關？是否只是「巧合」接觸到這本書？當你看到背後的條件原因，你可知道萬事並沒有所謂的巧合。

那麼，這又是否命運的安排？也不是，因為每個條件都會有改變的可能性。

引用同一個例子，不過將它簡單化：現在每項條件改用 ABC 代替，再將每個因緣列名呈現的時間點，譬如是A在時間1（Time 1）的呈現就以A_1表示（因為在下一個瞬間A已經會不一樣了），公式就變成：

$$A_1 + B_1 + C_1 + D_1 + E_1 + F_1 + G_1 + \cdots\cdots = \sum NOW$$

沿用這條方程式，如果總和是 Janet 此刻的狀態的話：

$父_1 + 母_1 + 剛吃過的食物_1 + 身體狀態_1 + 心情_1 + 睡眠質素_1 + 念頭_1 + 教育背景_1 + \cdots\cdots =$

Janet$_1$

以上的條件湊拼出來時就成就了 Janet 於時間 1 顯現的模樣。眼中看到 Janet 這個人，但拆開 Janet(看形成 Janet 的因緣)的話，你並不會找到 Janet 的元素、不會找到一項專屬 Janet 的物質；你只會找到 Janet 吃過的蘋果、做過的運動、讀過的書籍、睡眠的質素等等。

找不到的森林

衍空法師用森林作比喻來解釋無我的概念，我覺得非常貼切。遠看你可以看到有一個森林，但當你走進森林內，你卻只會看到一棵棵樹，大大小小的樹，還有不同的植物、昆蟲、生物等等。在森林內，你並不會找到「森林」的本身。如果森林是很多棵樹加上不同的動植物、礦物、空氣、泥土、陽光組成，但你卻不能在森林中找到「森林」。樹不是森林、動物不是森林、礦物也不是森林，可是加起來就有「森林」，因此森林只是樹群及其他眾生聚集起來的一個概念、一個名稱，但實際上，根本沒有一個所謂森林的實質存在。

如上，「Janet」也是如此。Janet 這個人並沒有一個實質的存在，她既不完全是內裡的條件，但內裡的條件又有一些組成 Janet 的特質，當你逐個條件去探索時，你會發現每個條件都對 Janet 有影響力，但沒有一個獨立元素可以等同 Janet，因此我們並不能說有一個實質的 Janet，就像我們不能說有一個實質的森林一樣。

再用電腦來舉一個例。透過電腦我們可以與世界連結，可以尋找很多答案；此外，也可以透過它來看電影、聽音樂、與朋友通話、將自己所想的分享出去。那電腦的本質是什麼？電腦沒有電線就沒用，那電腦是否等於一條電線？如果電腦是屏幕的顏色的話，拿顏色就是否等於電腦？如是者，如果將電腦每一個功能以及零件拆出來探究，你能否找到電腦的本質？拆開電腦，你並不會找到電腦的本質，因為根本沒有這個東西存在。

那等於沒有電腦嗎？又不是。所謂的電腦是所有零件與功能組成一起時候的總和（Σ電腦）；當條件俱足的時候，電腦就呈現了。當其中幾部分的功能不良或破爛，即使零件全都在，有因緣而沒有和合，也沒法組成一台能運作的電腦。如果電腦的組件一件件的放在桌子上而沒有裝嵌一起的話，這算是電腦嗎？

如上面的方程式解釋道，電腦由所有「非電腦元素」所組成；而「非電腦元素」並不等同於「電腦元素」，但「電腦元素」卻需要「非電腦元素」才能顯現。若果「電腦」由「非電腦」組成的話，試問如何可以稱作有電腦呢？

當遇到適合的環境因素、適合的天時地利人和，便會有這一刻的 Janet 以這個模樣呈現。然而，當你以為有一個實質的 Janet，並且附加不同的標籤及含義在她身上——她好不好、有沒有才華、美或醜——同時，以為 Janet 的本質就等同於這些標籤，覺得你很清楚 Janet 是誰，這樣想的話就顛倒是非了。事實上根本沒有一個實質不變的 Janet，試問將所有感情、精神及認知投放在那些以為不變的標籤上，這樣去生活的話，生活上所做的決定到底有多準確？有多與事實相符呢？

落在自己的思想投射世界時

在沒有任何覺知的培養下，我們的心充斥著各式各樣的標籤；將遇到的每一個人事物加上不同的意思，譬如一想到媽媽，會將固執、煩躁、喜歡打麻雀等標籤連上。又或者媽媽用這個臉部表情看著我就代表她否定我、代表她不愛我。不過想深一層，試問這些標籤能否代表媽媽的全部？是否媽媽的本質？從這個角度分析，你不難看到這些標籤、命名可以與事實不相符。

若果沒有覺察的話，這些無意識的標籤將會阻礙你對事實的認知，而將自己陷入誤會的痛苦之中。

很多情侶爭吵時，其中一方會說：「你從來都沒有了解過我！」為什麼有一方會有這個想法？因為另一半從來都活在自己的標籤中，活在自己的「以為」當中，無論一方有多努力去表達自己的需要及想法，若果另一半並沒有放下自己的成見去認識對方，雙方的關係是很難達到一個共識。

沒有覺知的話，你對他人會有著很多標籤、對不同事件都會有標籤、對社會運作有標籤、對自己有標籤、對自己的情緒和念頭又有標籤，既然標籤不等於事實，你可以猜想生命中產生了多少誤會及錯誤認知的地方。看得越錯，我們的決定就越不準確，決定做的不準確，那後悔、懊惱、自責、怨恨、失望等負面情緒就當然越多。

每個呈現需要依靠眾多不同的條件因素而成，當中並沒有一個獨立而不依靠其他條件共生的本質（佛學將之本質稱之為自性）。試想想，每天我們會用「我」這一字無數次，但其實「我」這個字內裡有一個根深蒂固的含義，就是「我」包含了一個不變的存在體或自性。

回想十年前的自己：肌肉、骨骼、細胞、想法、情緒，對人對事的態度，以至其他一切範疇，沒有一項是一模一樣的。十年前的你是現在的你呢？既是，也非。現在的你某程度上建立於十年前的體驗，兩者既不一樣，亦非完全不同。

以母女作為例子，雖然我與媽媽長相相似，大家同時也有著不少共同特質，但我跟媽媽並不一樣，但又不是完全不同。在我的 DNA 裡面，會找到我媽媽、我爸爸、我的祖先，但你卻不會找到「我」。

「無我」並不等於什麼都沒有，反而代表有著一切所有，只是沒有一個實質而永恆不變的本質（稱之為「我」）。無我並不代表你不存在；你的確存在，我能觸摸到你、聽到你、看到你，但你並沒有一個不變的本質；沒有兩刻一模一樣——因為你一直在變化著，所以我並不能給你一個命名，因為一個命名就意味著那東西是恆常不變的。同一道理，世上每一件事背後都需要有不同的條件原因拼湊出來，你不會找到不變的人、事、物。

痛苦來自沒有跟著無我法則而作

絕大的痛苦來自於對恆常的假設、無常的誤會；將之一切操作都以恆常為準，譬如就現在的經濟而言，若果我這樣做投資、那樣做工作，過後十年都應該無後顧之憂了！只要我們結婚了，一切就會變得好！當我升職之後，一切就會順順利利！如果我有個小朋友我就很滿足！現在我很迷失，我怕我永遠會迷失在迷失之中……遇到順境時，會覺得一切就搞定了；遇到逆境時，卻變得無力，懷疑自己、懷疑人生。其實這些體驗都源於看不清無我法則的表徵。

原因和條件的分別是，因是主因，緣是配合條件。若沒有原因，事情一定不會發生，但若只有原因而沒有足夠條件配合，事情也不會發生。

現在用上面同一條方程式，只是換一個方式去看：

時間1的呈現：$A_1 + B_1 + C_1 + D_1 + E_1 + \cdots\cdots = \Sigma_1$（留意加號與等號中間點點的意思為其他的條件，因為篇幅所限就用點點表示。）

下一個瞬間，即時間2的呈現為：$\Sigma_1 + A_2 + B_2 + C_2 + D_2 + E_2 + \cdots\cdots = \Sigma_2$

時間2的總和為：時間1的呈現，加上有其他新舊原因和條件於時間2的呈現。

而時間3的呈現為：$\Sigma_2 + A_3 + B_3 + C_3 + D_3 + E_3 + \cdots\cdots = \Sigma_3$

相同地，時間3的總和來自時間2的呈現（記得時間2已經包含時間1的呈現），再加上其他原因條件於時間3的呈現，如此類推。

仔細的看，你會發現時間只是一個幻覺；其實每一刻都只有當下這一刻。所謂的「上一刻」都只是透過記憶來追溯上一刻，但實質上真正的上一刻與回憶的上一刻已經是不同的一刻了。所以，事實上，你並無法再次體驗上一刻。同樣地，你亦不能體驗還未到的下一刻；每一個瞬間你只能感受這一刻（ΣNOW）。

因為每一刻的出現都密切連接著，頭腦會把每個瞬間的畫面串起來，形成有時間線（Timeline）的幻覺。每一個瞬間都只有一個瞬間；沒有過去和將來，過去和將來只在頭腦上發生，呈現為記憶或投射。如果你去驗證每一個瞬間，你會看到每一個瞬間是由所有非該瞬間的元素所組成，而「非」的意思為所有不屬於「該瞬間」的元素。延伸之前的例子，Janet 就是由所有非 Janet 的元素所組成。沒錯，有趣的是，所有不是 Janet 的東西匯合一起會組成 Janet，而 Σ_1 的呈現則會由所有非 Σ_1 的條件所組成。

因為無我，所以無常

然而，當你根據時間線的幻象去分析時，你會說：「時間1跟時間2的呈現不一樣；時間2又和時間3不一樣。」從時間線的相對角度來說，對，每一刻所顯現的外相的確不同，但從實際每個當下的總和角度看，並沒有一刻「好過」或「差過」另外一刻，因為每刻的總和是「最完美」、「最好不過」、「最適當」的答案。1＋1就是

2，雖然3大過2，可能你會說大過就是比較好，但在1+1裡面2絕對是「完美」的答案。而所謂完美就是對於1+1來說，2是最適合、最完整無瑕的答案。從無我的角度來看，每一刻都是最美好的安排。

方程式橫看的時候，你會接觸到無我的真諦。直看的話，你就會發現無常的顯現。每一刻，每一個萬物都由不同因緣所組成（無我），所以每一刻的呈現都會不一樣（無常）。

無我

$$A_1 + B_1 + C_1 + D_1 + E_1 + \cdots\cdots = \Sigma_1$$

$$\Sigma_1 + A_2 + B_2 + C_2 + D_2 + E_2 + \cdots\cdots = \Sigma_2$$

$$\Sigma_2 + A_3 + B_3 + C_3 + D_3 + E_3 + \cdots\cdots = \Sigma_3$$

無常

這就是佛陀所教導我們的宇宙法則。就像地心吸力法則一樣，無論你相信與否，你都會受到這法則影響。如果你的生活方式不順著這些法則走，那當然就是自討苦吃了。

一行禪師說過，我們的努力是河流的一滴水；成功嘛，不用太驕傲，因為若沒有其他因緣的配合，事根本不能成。失敗嘛，亦不須太自責，雖然有要負責的地方，但其他因緣俱足而成就了這樣的顯現。當我們能深深體會無我的宇宙法則時，我們就能不費氣力的放下執著了。

很多人相信命運，有些卻相信人定勝天。這條方程式就解釋了世事的呈現均有「安排」，不過我們的參與同樣能改變結果。一行禪師曾說：「我的行為是唯一真正屬於我的，我逃不開自己行為所帶來的果，而自身的行為是我唯一的靠山。」意思就是，雖然每個瞬間都有著很多不由自己的因緣呈現，但是，有意識的話，如何去回應卻是完全掌控在自己手上的。

若果凡事都盡自己每一刻的身心能力範圍內去做(可控制的)，同時要放下對結果的執著(不可控制的)，這就能將自己對結果的影響力發揮得最淋漓盡致。

一切無我，空出了「我」

無論大家熟讀佛經與否，我相信大家都能唸出《心經》最經典的一句：「色即是空，空即是色」。「色」意指生命中的一切不同顯現：高的、低的、美的、醜的、大的、小的、多的、少的等等。譬如森林，就是色境中的一個顯現。

由於每一個顯現或呈現（色境或ΣNOW）都沒有一個獨立存在的物質（自性），所以在「色」之中「空出」了一個獨立本質，所以每個色境都屬空性。一切都屬空性，不過空性只能於色境中顯現出來。

那「色不異空，空不異色」呢？

色境需要依靠著空性的因緣而生，若一切不屬空性的話（即一切有自性的話），色境就已經不是這個色境了。一切的顯現（色）之所以顯現是因為萬事萬物並沒有一個不變的本質（空），要接觸到空性，我們必須要深入觀察每一個顯現（色）。

「色不異空，空不異色，色即是空，空即是色」意指：在色裡有空，在空裡有色，有色才有空，它們是共生的。同時「色」由所有「非色」組成（即「空」），而「空」則由所有「非空」（即「色」）組成。

色可以代表著一個概念（漂亮），漂亮這個概念本身並沒有本質（屬空性），它需要透過比較來顯現（試問只有一的話，如何稱作漂亮呢？）。但若透過比較的話，這比較需要透過頭腦的投射產生，若此，我們並不能將之稱作為事實，它只是一個頭腦概念，而概念並不是事實。所以，之前說過，一切的顯現並沒有好壞（每刻都是最「完美」的結果），沒有好壞是因為每一個顯現都沒有本質，所以空出一個「應該的模樣」，而我們可以將之稱作「空」。但空性必須透過一切呈現（色）來顯現的。有人說：「既然一切都是概念，我不要被概念誤導，我要無概念的生活下去！」其實這並不可能的，因為「無概念」已經是一個概念。譬如你到餐廳點餐，你所點的菜式都是一個概念，難道你不點菜？譬如現在我解釋那麼多，一切也都是概念，但沒有這些概念上的解釋你根本不能接觸空性。所以，就算一個人深深體會到空性，他都無可能離開色境的呈現。這就是《心經》那四句的意思。

透過觀察身口意的運作模式，我們能夠推算未來；透過有意識的善巧反應，我們可以改變命運。

在教授師資課程時，我練習無分別心的分享自己所知道的，平等地對待每一位學生。大部分學生都很能感受到被接納、被包容的。不過偶爾也會遇到學生抱怨說被不公平對待，甚至感到很大壓力。頭幾次發生時自己很在意，不斷反思如何可以做好些；雖然大部分時間都覺得問心無愧，不過被誤會總是不好受的。

教學十五年多，我越發留意到每個人都無意的將自己的思想投射放在外界身上，投射跟事實可以是兩碼子的事，但當事人沒辦法只能看到自己的投射（而覺得是事實）。譬如某同學對待權威（Authority）的反應，都會投射到我身上（因為我是班上權威的象徵），但同一個投射模式也會在生活上所遇到的權威象徵出現，譬如公司的上司、父母等等。

每次類似事情發生時，學生的不爽會觸及我的習氣（是否我做得不好？我不想被誤會），當自己習氣被啟動，沒有覺知或定力就會想討好對方或去解釋，讓對方知道那並不是我的出發點。一次又一次看到自己的習慣反應，我慢慢學會停下來，好好觀察自己的感受，原來自己的反應其實並不是衝著學生，反而是對自己的反應有反應。學習不跟反應做反應時，我間接容許學生做他因緣際遇需要做的反應（有意或無意），要離開的會離開，但大多數慢慢會轉過來明白其實一切源於自己的反應，能看到的同學反而因此而超越了自己的習慣反應。

能夠深深認識無常無我法則，你會看到沒有一樣事情是衝著自己而來的，沒有任何一件事是針對自己的。所謂的「針對」其實是自己附加上去的，它並不是現實。

學習觀察自己，可以更有效地觀察自己及他人的因緣運作模式，當有覺知去做反應時，這個反應已經改變了將來的條件，就因為這樣，我們可以改變自己的命運！

修行的目的就是學習改善自己的想法、話語及行為來改變因緣，藉以改變自己的生命。

四念住

身

第七話

培養定力：觀呼吸

前面解釋過培養純粹觀察的重要性，聽起來雖然簡單，但當實際操作時並不是那麼容易，主要因為潛意識太習慣將體驗加諸不同的意義，而且大部分的思想投射都與事實不符。同時，我們的心又像一隻頑皮小猴子，看到什麼就會想什麼，聽到什麼就會被聲音拉走，心念一直跳來跳去，不受控制。兩者加起來（不能專注+無意識命名）就會讓我們的心有很大的起伏，自己就變成一隻被牽著鼻子走的牛，意識根本不能控制自己所想、所講及所做。

要有效地學習培養純粹觀察，我們先得增加內在的定力；訓練內心的猴子，希望牠可以比較聽話，同時幫助我們將能量有效的導向需要的地方，讓身、心、意融洽及有共識的合作。

在《念住經》裡面，第一個練習就是關於培養專注力：

第一念住：專注觀察身體的狀態——身觀念住

覺知呼吸

然諸比丘！比丘如何於身觀而住耶？諸比丘！於此，比丘往赴森林，或往樹下，或住空屋，盤腿而坐，端正身體，繫念在前。彼正念而入息，正念而出息。

彼長入息，了知：「我長入息。」

或長出息，了知：「我長出息。」

或短入息，了知：「我短入息。」

或短出息，了知：「我短出息。」
「我學覺了全身而入息。」
「我學覺了全身而出息。」
「我學寂止身行而入息。」
「我學寂止身行而出息。」

解說：

佛陀開始講解如何練習身觀念住。首先行者（即修行者）需要找一個安靜的地方坐下。這邊文獻當時主要受眾為出家人，他們沒有固定住所，所以會到森林裡（遠離熱鬧的城市）、樹下（可以遮蔭），或者空置的房子做坐禪練習。在此盤腿的意思指蓮花盤。於《瑜伽生活禪》一書中解釋過，相對於其他坐姿，蓮花盤是一個較為穩定的坐姿。可是，要留意的地方是，佛陀並沒有說過不盤蓮花就不能成道！何況，當時佛陀的弟子全都是印度人，他們從小就習慣席地而坐。到現今，我們的生活方式變得西化，坐椅子的時間遠比坐地板多，再加上骨骼的差異，盤腿未必一定是最理想的坐姿。四念住的精粹在於培養開放的態度與覺知、增長正念，以及洞察宇宙運作的智慧，能盤蓮花座當然好，但不需要執著於此。

如果蓮花盤對你來說並沒有構成不適（有時不適會好幾年後才出現，我自己就因為盤腿導致腳踝的外筋膜太鬆，走路容易扭傷腳踝，這都是盤腿約七八年後才發現），那可以順著自己的感覺去做。用什麼姿勢坐禪在不同學派會有著不同的想法，根據不同的出發點就當然會有不同的解說。

有幸跟隨恩師 Paul Grilley 深究人體骨骼的獨特性，發現不是每個人都有著同樣骨骼可以盤腿，而若果坐禪的大方向是關於找到一個能讓人安住、穩定的坐姿，好讓練習者容易入定，從這個角度去想，我會比較推薦大家找一個讓盤骨與腿都可以安住的姿勢：一個可以讓你保持脊椎延直，又能讓你坐得（比較）舒適，而沒有勉強的坐姿就是適合的坐姿了。盤腿使大腿外旋，跪姿則會令大腿內旋，兩個方式的確會影響盤骨擺放的位置，不嘗試，靠頭腦去判斷是很難找出什麼真正適合自己的。有關不同的坐禪姿勢可參考《瑜伽生活禪》第五章體位法的附錄。

找到適合坐姿之後，下一步就是「繫念在前」。冥想有很多方式，不同方法就會帶來不同效果與功用。這裡所介紹的方式並不是單純的平靜下來、並不是放空、並不是坐著去想事情、並不是打瞌睡，而是抱著覺知、正念的態度去觀察每一刻冥想的對象。至於觀察什麼冥想對象呢？就是觀察呼吸的本身。

觀察呼吸與深呼吸是不一樣的練習。這裡我們學習觀察純粹的、自然的，發生中的呼吸。行者就這樣觀察著每一個自然發生的吸氣、自然發生的呼氣。這個觀呼吸練習有三部分：

一、留意呼吸的節奏：因為呼吸是自然的、有機的；它有時長、有時短、有時深、有時淺。這裡行者觀察著每一個呼吸的狀態、細節與特徵。很多人下意識會以為要把呼吸拉長，又或者將淺的呼吸加深才叫做觀呼吸。其實並不需要這樣做。若果想培養純粹覺察的能力，我們只需純粹的覺知到呼吸的狀態就可以了，若果刻意的改變它，我們則強化了「我要改變事實」的習氣了。如果吸氣長，只需要認知（Register）到吸氣長，如果覺察到呼氣長，只需要認知到呼氣長即可。同樣地，如吸氣是短的話，認知到它是短；不需要做出任何改變，觀呼氣亦如是。要知道長或短是很個人的感覺，所以不需要得到他人的確認。

我記得十六年前剛開始練習時想：「唉，那麼嘮叨，不就是呼吸而已？說那麼多幹什麼，反正不是吸氣就是呼氣，有什麼好看的？」對，真的只是留意呼吸，但因為我們很容易忽略呼吸，又或者連自己控制了呼吸都不知道，若果我們對那麼中立的呼吸都有這個態度，試問我們能夠在生活裡其他地方很有覺知嗎？不可能。

留意到佛陀語重心長的解釋，可知道方法雖然簡單，但意義重大。如果你有留意，佛陀並沒有說：「請把短呼吸變長，長而深的呼吸是最好。」他並沒有這樣說，如果你有這個想法，那只不過是自己的投射而已。所以，再次強調，我們只需要練習清楚地、不加不減地純然觀察著來去的呼吸節奏與狀態即可。

二、同時覺知呼吸與身體：之後兩句的指引有著深遠的含義。「我學覺了」指那位已經在樹下盤腿的行者清楚知道自己在學習培養覺知。他清楚自己是一個正念的學徒，他在修煉；他並沒有因為對練習有概念而要求做得完美。行者清楚自己坐著的每一刻都是為了培養對呼吸的覺知與觀察的能力。

行者學習覺知「全身而入息」，意思就是他不只留意呼吸，並且留意到呼吸與整個身體的感覺。如果將身體形容為一個容器，初開始留意呼吸可能會聚焦在身體容器的某個小地方（譬如肚皮、胸腔或喉嚨）。不過，當行者對呼吸練習有了一定基礎，變得越來越穩定及熟練時，行者很自然就可以留意到整個身體容器內的空間以及呼吸本身。簡單一點來說，吸氣時感受到整個身體膨脹了一點的感覺，呼氣時身體則出現縮小了一點點的感覺。甚至我有聽過某些同學能感到毛孔在吸氣、呼氣，所以每人的體驗可能有些微出入，不過整體意思就是若果行者的心開始專注及穩定下來，他可以開始同時感受到身體與呼吸的狀態。

第一部分行者留意到呼吸的節奏與速度本身，慢慢地，透過投入的觀察與專注，他開始覺知到全身，在留意呼吸節奏之餘，同時亦留意到身體與呼吸的連結。

三、讓身體慢慢穩定下來：第三個階段行者清楚知道自己在學習透過觀察呼吸來安頓、平靜身體。透過對身體的觀察，行者可以察看到其「身行」（Body Formation），意指身內的不同狀況、顯現（Formation）。譬如行者留意到雙手如何擺放於大腿之上、下腰哪裡有感覺到綳緊等等。當行者在第二階段感受到身行，她可以透過對呼吸的專注而有意識的讓身體安頓及平靜下來（慢慢讓身體放鬆）。

留意這裡很容易被誤解：是的，安頓身體來坐禪的確重要，但不能強行去做。放鬆需要透過對呼吸的專注，以及保持敞開手的態度（正念），去容許身體以自己的時間安頓下來。專注是主動的，而身體能否安頓是被動的，我們只需要輕輕邀請身體安頓下來就可以。如果你強迫身體放鬆，態度上就越緊張，態度越緊張，身體當然只會越繃緊。倘若你只純粹的留意呼吸，雖然知道身體有某些地方暫時不能放鬆，但你並不在意，這時身體會因為你態度上的容許而稍為放鬆。身心是相連的，當心放鬆了，身慢慢就會跟著放鬆。當身放鬆些，心亦會放鬆些。

行者清楚自己練習透過對呼吸的專注而讓身體慢慢穩定下來。如果行者很在乎自己能否放鬆，心就會開始有所起伏，而身體就無法穩定下來了。

諸比丘！恰如熟練之木匠或木匠之弟子，或長拉鋸，了知：「我長拉鋸。」或短拉鋸，了知：「我短拉鋸。」

諸比丘！比丘如是：

長入息，了知：「我長入息。」

或長出息，了知：「我長出息。」

或短入息，了知：「我短入息。」

或短出息，了知：「我短出息。」

「我學覺了全身而入息。」

「我學覺了全身而出息。」

「我學寂止身行而入息。」

「我學寂止身行而出息。」

解說：

佛陀提供了一個例子：如果把呼吸看成為拉鋸的話，拉得長（吸得長）時，清楚知道拉得長（吸得長）；拉得短時，清楚知道拉得短。意思就是，對於呼吸我們不能渾渾噩噩隨隨便便的觀察，「清楚」每一刻呼吸所呈現的狀態甚為重要。就像那位保持正念的木匠，很有覺知的知道每一下拉鋸的節奏與長短。

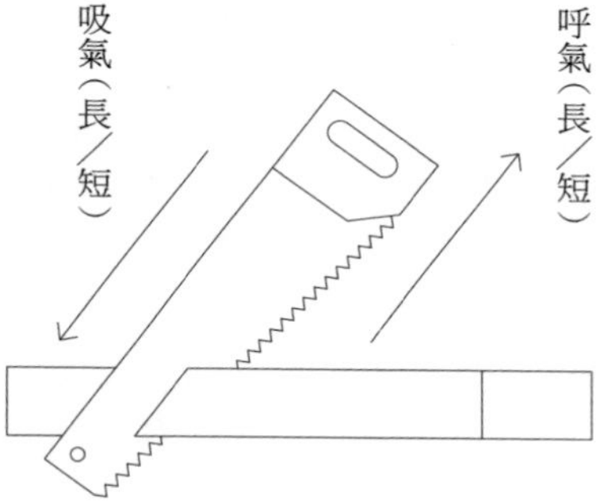

之後佛陀再重複一次有關呼吸的引導。我覺得佛陀語重心長的重複引導，因為這是一個他想強調的重點。畢竟這是四念住的第一個練習，而其他練習都建基於這一個基礎之上，如果一開始我們就誤解，無論之後你有多用功，方向還是錯的。

重誦

如是，或於內身，觀身而住；於外身，觀身而住；又於內外身，觀身而住。或於身，觀生法而住；於身，觀滅法而住；又於身，觀生滅法而住。於是覺知：「唯有身」，如是唯有正智，唯有正念。彼無所依而住，不再執著世間任何事物。諸比丘！比丘如是於身觀而住。

解說：

在《念住經》中，每個練習後面都有一段非常相似而不斷重複的重誦（對，佛陀很會苦口婆心的重複重點！），來總結該練習的要點。記得初開始接觸四念住時，每次看到重誦，就會跳過，因為覺得長而嘮叨。直到練習好幾年後，我發現自己到了一個瓶頸位，有某些困難不能突破，才發現原來答案就在重誦之中！原來重點在重誦裡面！

同樣地，學生不時會遇到練習的困難，向我請教時，往往都能夠在重誦裡找到同學需要的答案與提醒！

現在我常常都會回到重誦，特別是自己練習遇到阻礙時，它每次都能夠給我明燈！

首先，第一句後段「觀身而住」所指為安住於觀察身體之中，即是把專注完全投入在觀察身體當中，就像將覺知「住」進身體裡一樣。加上前半部分的話，意思就是透過安住於身體去觀察身內、身外及身內外的不同呈現狀態。

由於身體屬大自然一部分，它當然會有著無常與無我的特質。只需細心觀察，就能察看到這些定律在身體裡運行。

內身

我會將內身詮釋為：幻想自己變成一個小人，走進自己的身體去觀察身體。另外一個方法就是啟動自己的「內在感官」去接觸身體的體驗：

先找個舒服的坐姿，閉上眼睛深呼吸幾下，呼氣時讓整個身體都放軟、放鬆。之後慢慢將覺知帶到心跳，嘗試聽聽自己的心跳。若果不容易感到心跳，可以將一隻手放在左邊胸。感覺到心跳之後，徐徐讓手垂下來，去感受一下自己是如何聽心跳？有人可能「聽到」、有人「感覺到」、有人「看到」、有人「接觸到」等等。這些都是我們的內在感官，而不同人某些感官會比較敏銳。若果你是「感受到」心跳，你就可以利用同一個方法去「感受」身體；若果你是「聽到」心跳，你可以嘗試用「聽」的方式去觀察身體。

外身

不少老師將之詮釋為觀察他人，觀察他人的運作跟自己的運作沒差多少。教授瑜伽的朋友這練習則變得容易，可以觀察到學生們的呼吸、呼吸的節奏等等。就算沒教瑜伽的朋友也可以觀察到他人的呼吸，譬如追巴士時呼吸會怎樣、放鬆時呼吸會怎樣，清楚知道每一個呼、每一個吸。

透過觀察他人的身體運作，可幫助我們發現大家的大同，超越你我之分，知道大家所受的限制都沒差兩樣，繼而超越任何優越感、自卑感及同等感。

內外身

意思指需要平等交替地觀察自身與他身。在坐禪時我們觀察內身，日常生活中有時可以觀察內身，有時可以觀察他身。

對身體的觀察

之後就是透過內身、外身或內外身去觀察身體裡外每一刻的呈現狀態，就像覺知以環迴立體的角度去觀察身體不同的狀態，譬如肌肉的綳緊與放鬆、血液的流動、脈搏的跳動、能量的流動等等。

身體有著無常的記號，細心觀察下，你不難發現身體的狀況並沒有兩刻一模一樣！就像雪花一樣，遠看每片雪花都一樣，但在顯微鏡下，卻不會找到兩片一模一樣的雪花，身體的狀況亦如是。

觀生滅法

將四散的心定下來後，透過細心的觀察，你會發現身體每一刻都有著微妙的改變，而改變之中包括有開始亦有完結（即生與滅）。一個狀態完結後，隨之然有著另一個新的狀態開始。如此，行者專注而投入的去觀察每一個狀態的開始、完結；另一個狀態的開始、完結。這就是「觀生滅」的意思。

「法」的意思有兩個：

一、一切的現象

二、佛陀的教導

重誦裡「觀生滅法而住」的意思就是：投入觀察一切現象開始與終結的模式（而這就是佛陀無常的教導）。

有次有一位學生於坐禪時，留意到一邊肩膀比較綳緊，她繼續觀察著，慢慢她留意到綳緊鬆開了。那一刻她看到綳緊的無常：看到綳緊的出現，維持了一陣子，最後看到綳緊的鬆開。她那次經驗就是覺察到肩膀綳緊的生滅。當中只是透過覺知去觀察，並沒有刻意的去改變或調整肩膀的感覺。

清晰的專注

下一句「於是覺知：『唯有身』，如是唯有正智，唯有正念」有兩個重點：

一、行者學習建立一個純然而清晰的覺知（清楚的知道）

二、保持持續的正念

這兩點是一般練習容易被忽略的地方：清晰的覺知和持續的正念。

有次同學問：「最近練習坐禪不知怎的，就是很難專注、很難放鬆，很沒有正念，不知怎樣能做的好些。」

我問她：「回到身觀念住第一個練習的指引裡面，有沒有說一定要專注到、一定要放鬆到？」

「沒有。」

「嗯，只是說練習知道自己的呼吸是長是短、練習感受自己身體、練習讓身體放鬆而已。只需要練習觀察到什麼即可，不需要一定要『做到怎樣才叫做好』。如果你細讀重誦，裡面的意思就是：『啊，這就是身體的呈現』，學習純粹清楚的知道，放開任何成見及執著說一定要做到怎樣。就算很難專注，正念只會說：『啊，我留意到忘記覺察呼吸，好，再一次回到呼吸。啊，我留意到這裡放鬆不到，好的，我知道這裡放鬆不到。』就這樣就可以了。」

就以上例子，若果沒有留意，很多時我們的覺知是戴著有色眼鏡，有分別心去做觀察。譬如在觀察時去分析這個好不好、應不應該，也會為自己的體驗打分數，簡單來說會有比較心，而不是純粹觀察每一刻的呈現。這些都不是清楚，是不純然的觀察，而包含了許多個人的投射。

除此之外，我們容易將正念與某一個「境界」掛鈎，譬如平安、自在、舒服、放鬆、安逸等感受。其實正念只是一個敞開手的態度，它是一個動詞，而不是一個名詞。分心本身不是問題，問題在於你對分心和專注的態度有多平等。若果對分心與專心態度都是投入而無差別的話，那一刻正念就在了；若果比較「偏好」專心而排斥分心，那就是分別心，而分別心便不是正念了。

「持續」這個字是非常重要。正念這個東西很有趣，有時當你覺得自己「有正念」而沾沾自喜時，那一刻已經執迷於「我很有正念」這一個貪著之中，因為開放的覺察心已經不在，所以正念亦失去了。正念需要透過努力去維持，而不是嘗到就等於自己「永遠都有」（記得無常嗎？）。

整句「於是覺知：『唯有身』，如是唯有正智，唯有正念」的意思就是保持一個純然的覺知、持續的正念，去觀察身體本然的運作。我們對於一切有很多概念，包括對身體，以為身體就是自己，譬如運動員扭傷了就會將傷患跟個人價值畫上等號。雖然我們可以自如地活動身體，但對於身體的所有運作我們卻沒有完全的控制力，譬如它會生病、老去，甚至死去。若果我們連身體都沒有十足的控制權，試問這個皮囊是否等於自己呢？若果一樣東西等於自己的話，理論上自己應該有十足的控制權、話事權，不過從這個角度來看，似乎身體好像不完全是自己，因為我們並不能完全控制它。

觀察身體本然運作的意思是：身體有著自己的運作模式、運作時間。某程度上你可以透過運動或者食療去影響身體，可是，你只能影響它，而不是控制它。「唯有身」的意思就是：身體自己在運作著。

剛開始練習打坐時，感到雙腿麻痺，很容易會將這個狀態詮釋為：「為什麼腿會那麼麻痺？真失敗，連純粹坐著都做不到！真沒正念！怎樣停止這麻痺感覺？我不喜歡這樣！冥想很差勁！」若果你能純粹觀察身體的生滅模式，你可以觀察到麻痺何時開始、在哪裡開始、它如何慢慢的改變（改變過程可快可慢、可多可少），甚至離開。你可看到：「原來當身體這樣坐著，腿這樣盤著，在這一刻就產生一個麻痺的感受。這是身體的一個經歷。」麻痺的產生可能是因為身體還未適應坐姿、可能是因為血液循環不好、可能是坐姿不適合、可能只是因為身體疲勞，它的出現跟你本身個人價值是沒有關係的。「唯有身」的意思就是：身體自己在運作著。

最後一句「彼無所依而住，不再執著世間任何事物」的意思就是行者放下「身體應該怎樣」的假設，不執著一切的應該與不應該去做觀察。無論觀察到痲痺也好、舒服也好、繃緊也好、放鬆都好，可以練習純粹觀察這些狀態的呈現與轉變。

身觀念處「覺知呼吸」的培養

建議先從坐禪開始。很多人對坐禪有撲朔迷離的感覺，覺得好遙遠、好禪、好悶、好難，或者坐不定。

理解書中指引雖然重要，可是若果不把知識應用出來，這跟沒學過並沒有分別。頭腦的知識若幫不到你，這知識根本不屬於你。

坐禪其中一個重要功效就是：透過將外在與身體的干擾減到最低，去了解身內不斷改變的狀態。若果連干擾最低的情況下我們都無法了解自己，試問我們如何能夠在日常生活眾多的干擾下去了解自己呢？不是說任何人一定要利用坐禪才能觀察身體，只是其他方法相對困難許多。坐禪以外每一刻都有著很多事情在發生，譬如伴侶的情緒、他人的埋怨、老闆的要求、社會的不穩定、疫情的變化等等，若沒有一個清晰、堅穩與持續的覺察力、定力與正念，要在那麼多起伏的大環境裡觀自己的身心，可不是一件易事啊！就像你從沒登過山，第一座山你想爬喜馬拉雅山的話，成功的機率幾乎零啊。

覺知呼吸表面看來跟處理人際關係沒什麼關係，但若能夠持久及正確的練習，你會驚訝它對你的幫助是如此廣大！透過練習，覺察力會增加，你開始能留意到一些以前忽略或者根本不知道存在的運作，包括情緒的來襲、念頭的產生、感受的經過等等。再繼續正確練習，你越來越能夠體驗到無常與無我的運作，並能順著這些法則去生活、行動、說話及思考。這時，你發現原來情緒、念頭、壞習慣，並沒有那麼可怕，原來只要有心，一切都可以調整的！

覺知呼吸練習就像學武時必練的站樁或扎馬一樣，若果連最基本的站樁都不穩，試問如何將對方打倒呢？如果連「純粹坐著」都做不到，試問我們如何去降伏自己的心魔呢？

練習方法

找到舒服的坐姿後[1]，閉上眼睛，看著前方（大約額頭位置），放鬆視線，可能看到漆黑一片，可能有一些光，無論看到什麼只要容許它即可。慢慢開始放力，看看如何用最少的努力來放鬆地看著前方。從頭頂往下開始邀請身體各個部分安頓下來，暫時不需要理會呼吸的狀態，容許頭頂放鬆，之後到頭皮、眉心、雙眼、耳朵、臉部、脖子及喉嚨，當感到身體開始放軟，才繼續到下一個部分。接著到肩膀（這個也多給時間）、手臂、手掌、手指。之後到胸部、背部、腰部、肚子（這裡可以多給一些時間）、盤骨、大腿、小腿及雙腳。容許整個下半身被蒲團或坐墊承托著，保持看著「前方」，容許身體放鬆下來。此時，若果感到整個人鬆開來，身體柔軟，念頭開始減少，人變得比較平靜，就進入下一個步驟。

若果還沒有感到鬆軟，你可以先停留在掃描身體的步驟，感受（或聽、或看、或接觸等內在感應方式）哪裡繃緊？嘗試溫柔的邀請那些部份安頓下來。若果有些地方不願意放鬆，不需要勉強它們，就容許自己有點繃緊。有些同學可能於整個禪坐都只練習做這步驟，這絕對是可以的，不需要介懷自己能否到下一個「應該要去的階段」。無論是這個步驟或下一個步驟，大家都在訓練專注，只是專注的對象不一樣而已。這階段就是「我學寂止身行而入息。我學寂止身行而出息。」的頭半部，大家都是在練習四念住！

如果身心已經開始安頓下來，在保持看著「前方」之時，留意一下當呼吸交托於身體的感覺是如何的？放下任何期望，或者覺得「練習應該是怎樣」的想法，好好感受在身體容器裡每一刻所自然顯現的呼吸，覺察一下身體哪個角落有著呼吸的跡象呢？嘗試純粹接觸正在發生的呼吸，而不需要刻意深呼吸。就像釣魚一樣，坐在岸邊，慢慢的等著，時機對魚兒就會上釣。如是者，純粹的感受身體，當心靜下來，呼吸就會變得明顯。如果隔一陣子你還是感受不到呼吸或者主動做深呼吸的話，身心已經繃緊了。這時，先回到「看著前方，放鬆身體」的次第。直到能將呼吸交托回身體，同時輕鬆地留意到自然的呼吸時，就可以嘗試跟著每一個吸、每一個呼，就像心跳聲一樣，盡能力跟著心跳，純粹的跟著，如是者跟著每一個呼吸。

自然吸氣時，知道那是一個吸氣；自然呼氣時，知道那是一個呼氣。心難免會分的，若果心分了，沒關係，再次回到呼吸，盡能力跟著每個呼吸即可。每一次的回來，你就回到當下，純粹的發現心飄走，純粹的回來。每次的回來能加強你對自己的同理心、耐性、包容、放下，還有正念！所以就算發現心遊走了，那並不是失敗，反而是成功啊！若果你因為分心而生自己氣，你反而就轉在自己的投射、想法上，除了不但沒有練習持續的正念，還會加強投射、自我否定的習氣呢！

有時練習了一會兒，你可能會感到呼吸變得「太有節奏」，此時可能你發現原來不知不覺的控制了呼吸。這也沒問題，只需知道呼吸被控制了，可以的話就嘗試觀察自然的呼吸，不行的話就再次回到「看著前方，放鬆身體」的步驟，去重新建立穩定的心。慢慢，你越不介意呼吸該怎樣的話，呼吸就會變得越自然。

練習完畢以後，徐徐張開眼睛，可以略為按摩或伸展一下，讓自己慢慢的回到生活之中。建議大家每天練習十五分鐘，慢慢加到二十到三十分鐘，這樣才有足夠時間讓心安頓下來，心安定了就有一個參照點，知道日常生活中自己的心安定與否。

坐禪的目的是為生活中其餘的二十三小時三十分鐘做好準備。慢慢地，一天一天透過短短的三十分鐘來訓練自己的覺察力，知道心何時飄走、何時當下、何時有念頭、何時沒念頭。

這個專注的能力絕對可以幫助你好好投入當下的生活，人投入了，就已經事半功倍！

1 如需參閱坐禪的基本，請翻閱《瑜伽生活禪》。

第八話

培養純粹覺察力

四念住的第一基礎為身體。身體很誠實：坐著就是坐著，不舒服就是不舒服。至於感受、情緒、想法可以與事實不相符：明明感受不舒服，我們可以裝沒事，或者壓抑感覺，明明憤怒可以說沒有，明明想對方關心自己，卻叫對方離開。身體是我們體驗生命的載具，除了肉體感受以外，其他所有的訊息如情緒、想法、直覺等等，都需要透過感受身體去理解它們。若我們對誠實的肉體感受都毫無覺知，試問如何去覺察更細緻的感受、情緒、念頭和大自然的運作方式呢？如果不清楚自己的感受、想法、情緒，試問我們如何能夠活出一個快樂、成功的人生呢？

記得第一次接觸身觀念處的時候，看到第二個練習「身體姿勢」的細節時，我想：

「只是知道自己在走路、站著、坐著、躺著，有什麼了不起啊？」多年後，再認真練習四念住，才發現有很多時候在走路時，並沒有覺察到自己在走路（可能在講電話或者想著某些事情），而就算知道自己在走路，那都只是一個頭腦上的認知，而並不是用心感受到走路的本身。如果連走路都不知道自己在走路，我很難會對自己的情緒、想法、意向很清楚。

練習越久，越發現身觀念處是一個知易行難的練習！它雖然簡單，但說真的，花了十多年才真正體驗到當中的重要性。

可以用這個比喻來形容感知身體的重要性：每天上班下班都走著同一段路，路過無數街燈，但究竟有多少支呢？顏色是怎樣的呢？它有多高的呢？可能我們根本沒留意過。街燈一直默默的守候著我們，無論看到它與否，它都會盡力為我們服務，直到一天燈泡燒掉為止。街燈正常運作時，我們並不容易留意到它的存在，但當它壞掉時，才發現到它的重要性，可是，並沒有感恩它過去一直為我們照亮道路，只抱怨為什麼還沒有人來修理？

我們窮盡一生希望找到能夠無條件愛自己的人，但若果這人真的出現，說真的，若果沒有覺知的話，我猜大家未必留意到她／他，因為我們一直太忙去衝衝衝。這個人就像街燈一樣，無條件地為我們服務，它不需要有任何回報，它不抱怨，無論我們怎樣對它，它都會一如以往的照耀著我們。有時等到失去了，才知道原來自己是多麼的幸福。

你看，身體就是那個一直無條件愛著自己的人。大腿、雙腳帶我們走過天涯海角，幫我們追巴士，為我們帶來跳舞的樂趣。可是，懂得真心感恩的人很少，還抱怨說這裡太多肥肉，那裡又有靜脈曲張……無論你放什麼到嘴裡，即使是有害的酒、刺激的麻辣鍋，脾胃都會照單全收，毫無怨言。有次我獨個兒吃越南粉，旁座的其中一位男生因吃得太辣而胃痛，他的同事有些在嘲笑他，有些卻苦口婆心的問他為什麼吃辣會胃痛還要選擇吃辣。他竟然說：「我常常都是這樣，忍不住口嘛。吃胃藥就沒事了，沒什麼大不了的。」看到這裡我替他的胃部感到抱歉，我們除了不懂感恩胃部的苦衷之餘，還說胃的不是。除了不協助它痊癒，還火上加油！

身體是多麼的愛我們，無論我們做什麼——有益的、有害的，身體都會盡它所能來配合。無論我們如何批評它，甚至用整容手術來改變它，它絕對不會放棄我們。試問世上有哪一個人能夠像身體一樣愛我們？身體愛我們的程度遠遠超越父母及伴侶的愛。

能夠練好身觀念處，你會發現除了加深對自己的了解之外，對身外一切都會看得越來越透徹。除此之外，當你越能夠察覺到身體無私的愛，你會越來越感恩身體。當你越感恩，你越會照顧好自己身體，這樣，你的身心（因為身心相連）自然會健康起來（因為愛是最療癒的能量）！

身觀念住裡面有六個練習，在這本書裡我會為大家介紹首三個練習（上一章已介紹了第一個練習），因為我覺得這三個練習能有效地幫助處理日常關係，而現在第二、三個練習一起解釋：

身體姿勢

復次，諸比丘！比丘於行時，了知：「我在行。」於住時，了知：「我在住。」於坐時，了知：「我在坐。」於臥時，了知：「我在臥。」此身置於如何之狀態，亦如其收態而了知之。

重誦

如是，或於內身，觀身而住；於外身，觀身而住；又於內外身，觀身而住。或於身，觀生法而住；於身，觀滅法而住；又於身，觀生滅法而住。於是覺知：「唯有身」，如是唯有正智，唯有正念。彼無所依而住，不再執著世間任何事物。諸比丘！比丘如是於身觀而住。

正知

復次，諸比丘！比丘不論行往歸來，正知而作；彼觀前顧後，正知而作；彼屈身伸身，正知而作；彼搭衣持缽，正知而作；彼食、飲、咀嚼、嘗味，正知而作；彼大小便利，正知而作；彼行、住、坐、臥、醒、語、默，亦正知而作。

重誦

解說：

「身體姿勢」與「正知」涵蓋的範圍分別圍繞著身體的姿勢與動作；身體姿勢將日常生活的動作分為行、住、坐、臥四大類，而正知則沒有細分動作類別，主要留意身體每一刻每一個動作的本身。所以可以說身體姿勢是正知的入門版本。

上章第一個練習覺知呼吸主要針對身體於坐禪時對呼吸的觀察，而到了第二個練習就已經需要將覺知延伸到坐禪，以及醒來的每一刻了，可以說練習的時數從三十分鐘變成一整天了（是時候認真練習）！

覺知身體姿勢的方法為：每天從清醒一刻開始，當走路時，清楚感受身體在走路；站著時，清楚感受站著；坐著時，感受自己坐著；當躺著時，感受身體躺著。

當對身體姿勢有了一定程度把握（留意每一個步驟都需要有把握才到下一個練習啊）就可以延伸到正知：每天醒來後，留意身體的動作，清楚知道自己在翻身、起身、上廁所、漱口、刷牙、洗臉、更衣、鋪床單、弄早餐、喝水、擦桌子、吃早餐、洗碗、提公事包、出門、搭電梯、走路、坐巴士等等……總括來說，練習清楚感受每一個動作。

上章解釋過重誦的內容，不妨再翻回去參考。重誦提醒我們練習透過不同姿勢去觀察身體的內與外，觀察姿勢的開始、終結，以及生滅（無常）的本質。任何一個姿勢都有始有終；條件配合，動作就以某個方式呈現，條件不足，動作就終結（或被一個新的動作取代，繼而有新的動作開始）。

譬如當你將頭轉到右邊，到某個角度就會停止，之後就停在那個角度或者只能往左轉。無論你多麼享受身體向前彎（覺得有伸展的感覺），總有一刻前彎會停止，在那一刻就只能定在前彎位置或者往後彎。這就是所謂生滅的本質，如老生常談「天下無不散之筵席」，無做不完的動作！覺知到「啊，原來身體就是這樣運作。」不能再往右轉，跟頭部的價值無關，身體本身有它的限制，動作停止嘛，就是因為受條件所限導致。

除了觀察自己身體的姿勢與移動之外，同時也觀察他人。像一個心理咨詢師，觀察他人的身體語言、臉部表情、動作改變等等，這讓我們看到他人的身體跟自己的一樣——都是根據生滅法來運作。（對瑜伽老師來說，觀察學生的動作是很好的練習！）

重誦再次提醒我們要培養清晰的覺知及持續的正念！並不是一天或者一小時的正

念！並不是一刻的知道，而是持續的知道啊！重誦的最後再提醒（唉，這意味著我們有多善忘呢！）要保持一個開放的心，不執著於「應該做到怎樣」。

不需要勉強自己做到完美，練習憶起，練習儘量清楚、儘量開放就可以。不需要改善你的走路方式或者姿勢（很多人以為是這樣啊！），只是純粹知道你如何活動就可以。

身觀念處「身體姿勢」與「正知」的培養

練習並不複雜，要在日常生活中培養對身體的敏銳度，恆常及持續的練習是關鍵之一。培養身體姿勢與正知的練習方法有許多：

行禪

一天走路的時間不少，不過有意識的走路卻幾乎沒有。身體像在行屍走肉一般：心在一個時空，身卻在另外一個時空。若我們沒有覺知走路，每一步就會強化這個身心分離的模式。我們努力爭取這個、想要得到那個，並認定只要能夠得到這份工作、這個薪酬、買到這層樓、結到婚（可以繼續把任何想得到的填寫在這裡），就可以得到快樂。可是，這豈不是有一個暗示說：「我現在不能快樂，因為我沒有＿＿。」這很可悲啊，不是嗎？

如果你幻想走路的過程就像一個旅行，你會覺得旅行完畢就會快樂嗎？那豈不是失去旅行本身的樂趣？為什麼我們享受旅行呢？是因為我們珍重旅行每一天所遇到的體驗，而生命亦如是。生命本身就是一個透過身、心、靈的探索旅程。

記得以前被憂鬱濃罩著的時候，我問自己：「每天都是這樣起床、刷牙、吃早餐、上班、下班、睡覺……每天一模一樣，生活那麼重複及枯燥，到底有什麼值得開心？」禪修後才發現其中一個原因是因為電影看太多，以為每天的生活應該像電影般有高有低。現在想回來真是可笑，若果每天都有電影般的高低起伏，難以想像身心是何等疲憊！

行禪教曉我細心接觸當下的美好。對，某程度上生活上的細節很有重複性，可是透過細心觀察，每一刻是不能重來的。當清楚每一刻都是獨特的一刻，我們就能投入，能投入就能感恩每一刻的小確幸。現在我才知道，所謂的幸福生活就是用心感受每天的小幸福，透過每天累積的小幸福來活出生命的彩虹。

無論身處哪裡，走路時，感知(感覺與知道)自己在步行。不需要急著到目的地，好好的投入每一步，踏踏實實的走。當中有幾個方法：

一、走路時，留意重心的移動：譬如重心從右邊移到左邊、從後移到前等。

二、走路時，留意呼吸自然的節奏變換。

三、留意前腳如何觸碰地面、後腳如何慢慢離地；感受前腳穩定的踏在地上、後腳輕鬆的提起。如果同時留意雙腳有難度，可以選擇留意比較容易感受的前腳或後腳。

「我們安住於每一步，享受每一步，讓每一步帶給我們滋養和療癒。我們活著，可以平靜安樂地步行，這是真正的奇蹟。」(取自一行禪師)

開始時可以選擇一條每天都會經過的路線去練習，每次經過這路線時，讓整條步道變成你的行禪道場。在那一段路裡，用心留意每一步，放下任何應該不應該，只需要有覺知的走就可以了。記得，這並不是一個「改善走路姿勢」的練習啊，隨心的、有覺知的走每一步！

食禪

跟行禪一樣，不同學派都有稍微不同的食禪練習。在這裡與大家分享是我在梅村學到的，沒有很嚴格，但正因為這種輕鬆的方法，讓我們很容易將練習融入忙碌的生活中。食禪是為了培養有覺知的進食，若能透過吃素減少對眾生帶來的傷害，這會為自己與他人帶來不少美善的果。話雖如此，食禪不等於吃素，若果本身因為某些原因而沒有吃素，都可以練習食禪的。

用心咀嚼，感受食物在口中的質感、味道、溫度、濕度的改變，慢慢的吞嚥，感受一下食物從口部開始的消化旅程。這樣，除了能夠培養對食的覺知之外，也可以透過細心咀嚼而減輕腸胃的負擔，讓食物容易被身體吸收，腸胃健康，睡眠、情緒、精神，一切都會好起來！

記得有次介紹食禪時，有位學生很懊惱的問：「其實食禪是不是等於慢食？因為我真的不明白什麼叫做有覺知的吃。」嗯，的確「有覺知」可以是很實在，亦可以是一種虛無的狀態，視乎行者有沒有真的拿捏到當中意義。我回應說：「你可以心不在焉的慢慢吃，或者因為時間不夠而需要快快吃，不過你要清楚自己怎樣吃。就以上例子說明了慢食不一定等於有覺知，而吃得快又不一定等於沒覺知。慢慢吃當然能夠更好的感受，但最重要是吃的時候能否感受吃的過程、咀嚼的過程、食物的味道、口感的改變、吞嚥的感覺，以及吞嚥後食物遺留在口的味道等等。如果你覺得將食禪暫想成為慢食能幫到你的話，那就慢慢細心去感受每一口食物與身體感覺吧。」

每個人都希望被滋養，而食物就像一份無條件去滋養我們的禮物。食物無條件的為我們奉獻，無論我們吃不吃、如何吃、浪費不浪費，它都不會抱怨，它都不會因為我們的不專心而選擇不滋養我們的。可是，有多少個人能為一碗飯珍惜當下？放下手機？抱著感恩的心去享受每一口食物呢？

有時我想，滋養我們的東西已經擺在眼前，可是頭腦忙著爭取得不到的東西，而錯過了面前的幸福。同樣地，若果有個無條件愛自己的人出現在眼前，我們亦會因為忙這個、忙那個而錯過了這個人，我覺得這是很可惜的。

內修十多年，我發現其中一個重要的課題（仍在學習中）就是學習無愧疚的去接納他人的愛。很多時因為自我價值低，雖然口說希望有人愛，可是卻會因為嫉妒、不安全感，而築起高高的保護牆，不讓他人走進自己的內心世界。

非常贊同加拿大作家 Ryan North 的一句話：「我們的大腦與生俱來有著『連繫』機制，不過創傷卻會讓它變成『防禦』模式。所以受過創傷的人很難與他人建立健康的關係。」就算每個人都渴望被愛，但因為過往的創傷，會將過去的負面投射到新的人事物上，就算對方真心誠意，卻會因為自己的保護心，而將他人拒之千里之外。除了要重新建立對過去的印象外，我們都需要學習懷有感恩的心，接納當下的滋養。食禪就是一個非常好的方法去邀請我們回到當下，透過心的感受，重新發現幸福原來已經一直存在。我們不需要追這個、追那個，一切已經俱足。

在此與大家分享梅村的正念進食練習。吃之前，可以先練習五項觀賞。

五項觀想

一、這些食物是天地的禮物，以及無數眾生以愛心辛勞工作的成果。
二、願我們在正念中，以感恩心生活和進食，好讓我們值得受用這些食物。
三、願我們觀察和轉化不善的心行，尤其是貪念，並學習適量進食。
四、願我們進食的方式，能增長慈悲，減少眾生的苦痛，停住助長氣候變化，以療癒及保護珍貴的地球。
五、我們接受這些食物，以滋養兄弟情誼，建立僧團，滋養我們為眾生服務的理想。

練習食禪時，建議大家慢慢地咀嚼，直到食物變為液體，可以觀察一下整個咀嚼的過程，以及味道的改變。細心咀嚼是對消化系統送上愛與關懷的一個行為。好好享受每一口，知道每一口背後都有著天地萬物的滋養。你想，若果太陽沒有醒來、雨水沒有做好它的本分、泥土罷工、蜜蜂躲懶、農夫不努力、運食物的司機生病、廚師沒上班，我們根本不能夠享用這麼美味的食物啊！所以，你看，每一口食物背後都是有一個默默的訊息告訴你的，整個宇宙都想要滋養你啊，問題是，你準備好接納宇宙的支持嗎？

當你放下手機、放下頭腦的忙碌時，透過細心飲食，慢慢你會感覺到這份小幸福，這樣你的身心就被滋養了，而平安，就慢慢的生起。

瑜伽禪

瑜伽能否成為一個禪修，其實重點在於心態，而非外相。正知的練習裡面就是無論身體在呈現什麼狀態，行者都能覺知到身體的移動，並且感受移動的本身。記得以前練習瑜伽，在過程中比較多留意我如何把動作做得好？動作如何變得更好看？

動作如何增加難度？如何轉換動作比較順暢？或者想著在旁的同學是否看著自己的動作，又或者自己在羨慕旁邊同學的美妙姿態……等等。這些練習背後的心態，很多都來自比較，有很多的執著。當然，想動作做得好未必等於要很執著，而當你想動作上有進步，有比較有時是必須的。可是，若果你以為單純的擺出瑜伽姿勢就代表有修行，那就大錯特錯了。

動作本身不定義修行好不好。我有一段時間很抗拒而且會批判難度高的動作，覺得專研難度高的動作就等於那個人「練習沒有深度」。但現在回頭看，其實那也是一個非常錯誤的想法。

動作只是一個動作，它本身並沒有好不好、高與低之分。在內觀練習時，我們只需要往內看，留意姿勢的轉變，身體的移動，還有呼吸的節奏。當然，簡單的動作容許我們有多些空間去做觀察，難度太高的話，心就需要顧及平衡、力量的控制、姿勢的順位等等，就未必有空間去做內在的觀察了。

選擇適合自己的練習，建議選擇比較簡單的動作去做。練習時，以呼吸為基礎，清晰地感覺到每一個呼吸的發生。若果停留在一個式子的話，吸氣時感受整個身體的姿勢，呼氣時（適合的話）讓身體放鬆一些。如是者，用心的留意每一個呼吸，每一刻身體所呈現的姿態。譬如於下犬式停留時，吸氣感受下犬式的身體姿勢（譬如身體重心分佈、盤骨如何摺住、雙腳所分開的距離、頭如何垂下來等等），呼氣容許身體放鬆。眼睛可以放鬆，嘗試用身體感受身體，不只是用眼睛看身體，練習每一刻都感受呼吸與身體的感覺同在。

從一個式子移動到另外一個式子時，透過呼吸，可以留意：

- 身體與空間互動的改變
- 力量的改變
- 姿勢的改變
- 重心的改變

視乎上述那一個層面對你比較有感，若果留意姿勢轉換對你來說容易的話，就可以將一半覺知留意呼吸，另一半覺知留意整個動作移動的過程。譬如從下犬式往前移到平板式的過程中，感覺盤骨從屈曲慢慢變成伸直，感覺手臂從伸直在頭旁慢慢移動到肩膀高度等等。清楚每一個動作如何開始，如何到達，再如何改變。每一個動作亦如是，將整個練習視為移動中的禪修。

日常小練習

啟蒙禪修老師 Frank Jude Boccio 教授我其中一個應用正念練習叫做「日常小練習」。很多人覺得正念練習是需要特別騰出一個時間去做，就像做運動或者做功課一樣。其實生活本身就是一個修煉，而從正規禪坐或瑜伽練習所領略到的精神及態度，需要應用於日常生活中，才能為生命帶來真正持久的正向轉化。不然的話，這些正式練習就只會將你本來忙碌的生活弄得更忙，或者為你帶來更大的壓力與負擔，那就本末倒置了。

除了坐禪與瑜伽練習以外，其餘的正念練習可以是日常活動的一部分——選擇一個你每天都必定會做的日常活動，每次進行該活動時，讓整個過程變成你的正念練習。譬如刷牙是你所設定的日常小練習，刷牙時，把覺知放在身體的姿勢，以及動作與動作間的變換。可以的話，亦可練習覺察自然的呼吸。

記得，這個練習並非要你改善刷牙（或其他活動）的方法。沒什麼需要調整或改變，只是將這活動變成一個助你於日常生活中培養覺知的機會，自然的去做，只需要留意你如何做即可！

正念鐘聲

「正念鐘聲」都是 Frank 老師教授的。有別於日常小練習，正念鐘聲則需要我們選擇一個平常會發生但並不能預料何時發生的突發事情做練習，例如電話鈴聲、鳥兒唱歌、門鈴聲或紅燈亮時等等。當遇到這些突發的「鐘聲」時，我們可以將手頭上跟頭腦上的一切忙碌放下，覺知當下的身體及呼吸，並跟著自然的呼吸三次：吸氣時感受整個身體的姿勢，呼氣時讓身心放鬆。

假如選擇了紅燈亮為你的正念鐘聲提醒的話，無論你在開車或走路時，當遇到紅燈亮那一刻，把覺知回到身體，留意身體的姿勢，可以的話放鬆不需要用的身體部位，跟著自然的呼吸幾次。如果你選擇電話鈴聲為你的正念鐘聲的話，當電話響時，可以先放下手頭上的工作，回到身體的覺察，感受自然呼吸兩次，之後再慢慢去接電話。

請不要要求自己每次遇到正念鐘聲都能記得做練習，很多時我們的確會忘記。忘記的話，只需要知道自己忘記了就可以（有時後知後覺，甚至後不知不覺都可以的）。原諒自己，下次「鐘聲」再響時，再練習把覺知帶到身體與呼吸就可以了。

如果練習讓你感到壓力，你可能需要調整一下對自己的期望、練習態度、方法或劑量了。

船做好了，下水禮

身觀念處有很多的練習，一開始可以先從簡單做起，不需要急著每個練習都做，不然的話會讓你感到太大壓力，這樣反而百害而無一利。視乎你的興趣、生活方式，建議先從坐禪、行禪、瑜伽／運動及食禪中選一項來開始：

一、**從坐禪開始：**這會是一個很好的開始，建議選定一個地方，一個特定的時間（因為若果時間不斷變更，你很容易會忘記做練習），和最少練習十五至二十分鐘（雜亂的心一般需要二十分鐘才能沉澱下來）。練習不是為了變平靜，而是培養出一個「無論任何心境我都可以跟它共處」的純然態度。

二、**每天有一段行禪路徑：**如果對於靜態的坐禪練習暫時未有感應，可以選擇先從行禪入手；不需要刻意撥時間來做，選一個特定時間或每天的必經路線作為修煉。譬如每天早上十時都待在家裡，那就利用十至十時半這段時間去儘量留意自己的每一步，無論在廚房、客廳、工作室，走的每一步都是覺知的培養。不求完美，只求有練習。

三、**運動中的移動：**這個方法對恆常運動的朋友來說可以是較容易上手。做運動／瑜伽時，將呼吸成為你的專注點，留意到每一刻的呼吸如何因為動作而改變。就算沒有音樂、電視機、手機，你都可以發現原來運動可以是很有趣味的。對呼吸的觀察有了一定把握之後，可以在吸氣時留意動作與姿勢，呼氣時放鬆不需要的身體部分。運動禪可以幫助你體會一些坐禪未必接觸到的體驗！如果你初開始運動，的確可能需要多留意練習技巧，或許你會覺得同時兼顧呼吸會有些困難，這時可以先以身體姿勢為觀察對象，這樣你既可以慢慢掌握技巧之餘，又可以培養對身體的覺知！

四、**從食禪開始：**對有些朋友而言，食物是他們的中心，這樣，你可以每一天固定一餐做食禪練習，譬如早餐又或者自己一個用午膳的時候。我記得初初開始食禪的時候，因為實在非常能感受到食禪帶出的感恩與喜悅，所以急不及待的想要讓先生與我一起做練習。他用了五分鐘把所有食物吃完，之後就開始講話，我告訴他不應該吃得那麼快。之後才發現原來他以為食禪就是不能講話（因為覺得吃飯不講話很難），所以就快快吃完（他覺得做完食禪練習）就可以說話了。那時我才發現原來當對方未準備好（或者不願意）與自己一起練習食禪而勉強對方一起練習，是會為對方帶來壓力（亦會影響兩人的關係）。所以，若果他人還未準備好做食禪，那就先自己做吧。若你與家人一起同住，你可以告訴家人說吃飯頭五至十分鐘（時間自己定）修習食禪，所以這段時間會靜默好好享用膳食，若果他們要聊天可以繼續，你就會在食禪過後，再參與他們的話題，這樣就不會讓自己或對方不舒服了。

因應自己的能力與把握，慢慢再增加恆常練習的方式：當掌握到以上一個練習後，不妨多選一項上述練習方式，以增加每天的練習時數。如果你一直都是用坐禪來開始恆常練習，就可以額外多加一項恆常練習，譬如加入行禪或瑜伽禪。練習時數越多，代表我們培養覺知的機會越多，那有覺知的時數亦會越多！

把握好坐禪、行禪及食禪後，加入日常小練習：在以上的恆常修行外，可多選定一項日常小練習，就變成每天有兩個灌溉正念的機會了。此時，我相信每天已經有一部分時間在培養覺知了！

當以上的基礎都穩定後，加入正念鐘聲：當你在沒有太大壓力的情況下開始習慣每天的恆常練習與日常小練習後，可以慢慢加入多一個正念鐘聲練習，這樣，你就可以利用正念鐘聲來多提醒自己要回到自己身體的感受。

我們有很多不同的方法去開始修煉，最重要的是持久性，因為一切也是關於習慣的培養，若太雄心壯志但不能持續，長遠而言也是不會成功的。這些練習看起來並不花俏，但基本功就像練功夫的站樁，看起來跟打倒對方（自己的心魔、貪瞋癡）沒什麼關係，可是，站得穩的話，對方打過來我們都不會被打倒，而不被打倒就是最重要的一環。

常霖法師常說：「寧可短，不可斷」，持續性是非常重要。你是一個正念的學徒，練習得越多（方法要正確）就一定越熟練！若果練習讓你感到沮喪、有壓力，甚至厭惡，可能你逼得自己太緊了，不如減少練習的劑量，為長遠之策。記得正念的練習宗旨為：純粹留意，放下對結果的執著。

在關係中觀察身體

當關係好的時候，一般很少去考量如何將關係繼續維持和諧的狀態，多數等到關係出狀況時，我們才意識到有改變的需要。因此，在這裡想大家在關係不舒服時做練習，這樣，假以時日，可以避免因說錯話、做錯事，而讓關係變的更差。譬如當上司對你做出某一個評價讓你不舒服時，你這樣練習：

一、感受當下的呼吸（日常的練習會幫助你更容易於此時覺察呼吸！），不需要深呼吸，只需要跟隨著自己的自然呼吸三到五次。吸氣時，掃描身體，呼氣時，可以的話，放鬆身心。

二、當下感知身體的姿勢，譬如覺知自己是如何站著：重心在一隻腳？兩隻腳？在前腳掌？腳跟？手是如何放？有沒有駝背？頭往下還是往上呢？（不需要改變姿勢，嘗試從頭到腳掃描一次。）

讓呼吸幫助你穩定自己，不被自己的念頭投射或情緒帶走，盡能力專注於手頭的事務上。

四念住

受

第十話　了解內在感受

每一刻我們都與內在和外在互動，譬如你站在窗前，眼看到窗外的景色、耳聽到鳥聲及外面的車聲、鼻聞到廚房傳出飯菜的味道、身體感受到微風等等。同時間，內在身體有著不同感受，譬如右腰有點酸、口有點喝、念頭不自覺想著昨天工作的事情、心情有點納悶等等。每一刻無論外在、內在都有著很多的體驗發生。

美國哲學家 Ken Wilber 在著作 *Meeting the Shadow* 裡提及：「自我的投射其實很容易辨識：若我們對外界的人或事只看成一個『顯現』，這通常不含內在的投射。但，若果我們被外界的事物『影響』，那我們則變成內在投射的受害者。」要在一個關係裡找到和諧、平衡，懂得放下心理投射是非常重要的。因為投射是從內而外，所以學習感受內在體驗是第一個門檻。

無論所體驗到的屬內在或外在事故，稍不留神，我們都會將自己的想法投射上去。透過純然的接觸內在感受，我們能夠慢慢覺察到自己的投射模式，覺察到了，就有選擇，有選擇就有改變的可能性。

透過身體的感受，我們可以慢慢接觸到自己的情感、情緒，因為不同的心理狀況都可透過身體感受到，譬如憤怒有憤怒的身體、悲傷有悲傷的身體、失望有失望的身體，而這些又跟愉快的身體感受很不一樣。可將受觀念處想成一道橋，將身體（身觀念處）與心理狀況（心觀念處）連貫著。

感受的定義

受的意思為「肉體的感受」而非「情緒的感受」。譬如當你長期坐在電腦前，感到肩膀的緊繃、下背的疼痛，這就是肉體的感受。又或者當你躺在床上放鬆身體時，感到身體放鬆、紓緩，這也是肉體的感受。相對於情緒的感受，肉體的感受屬比較「外在」的、粗糙的，也相對明顯的。

身觀念處所觀察的對象為身體軀殼的形態與改變，而受觀念處就需要透過對身觀念處的深入觀察，留意軀殼在不同姿勢中產生的內在肉體感受。

第二念處：專注觀察心的感受——受觀念處

然諸比丘！如何比丘於受觀受而住耶？

諸比丘！於此，比丘在經驗樂受時，了知：「我在感樂受。」在經驗苦受時，了知：「我在感苦受。」在經驗不苦不樂受時，了知：「我在感不苦不樂受。」在經驗有執著之樂受時，了知：「我在感有執著之樂受。」在經驗無執著之

樂受時，了知：「我在感無執著之樂受。」在經驗有執著之苦受時，了知：「我在感有執著之苦受。」在經驗無執著之苦受時，了知：「我在感無執著之苦受。」在經驗有執著之不苦不樂受時，了知：「我在感有執著之不苦不樂受。」在經驗無執著之不苦不樂受時，了知：「我在感無執著之不苦不樂受。」

解說：

在這裡說明當感受到愉悅時，清楚知道那是樂受；當經歷不愉悅感受時，知道那是苦受；當經歷比較中立的感受時，知道那是不苦不樂受。除了這三種感受外，也可以觀察對這些感受有沒有執著。

可以先專注於第一階段，當基礎打穩後，慢慢會自然留意到對感受有沒有執著（第二階段）。

感受有三種

透過留意身體姿勢及動作，慢慢你會開始留意到身體容器內每一刻都會有著不同感受。這個練習可以在坐禪時觀察，或者在日常生活中觀察。如果有任何覺得舒服、享受的感受時，知道那是一個愉悅的感受（樂受）。譬如夏日炎炎到海灘游泳，那種涼快的感覺對身體來說是愉悅的，就知道那一刻體驗著愉悅的感覺。

譬如當你留意到走路的時候右腳跟有點疼痛，知道那是一個不愉悅的感覺，是一種身體上的苦受。或者之前膝蓋有傷患，但不知不覺痊癒了，並「沒有什麼感覺」（其實一定會有感覺），知道那是一種中立的不苦不樂受。

一般來說，去觀察苦受相對容易，因為開心時，我們很少會記得去觀察自己。就初學者而言，覺得有觀察的需要，多數因為遇到不順利的事情，那就是正在受苦的時候，所以會比較記得做觀察。很多人從小到大被薰陶去處理自己的不足、不好的事情，因為已做好的事情並「沒有問題」，並不需要關注（並假設「好」的狀態能永遠維持），要著手處理的反而是「還沒做好」的地方（因為未做好就等於自身價值還不夠好）。正因為大部分人都有著類似運作模式，所以我建議先從觀苦受開始。

留意到以上經文提醒說，當留意到苦受時，只需要覺察到苦受的存在，我們並不需要將之「處理」，讓它變成樂受。樂受與苦受是相對的；當你越覺得樂受是「標準」，環境條件不許可，就體驗不到樂受，而因此也會感覺沮喪。對樂受的執著越大，當苦受來的時候，你所受的苦就會相對的呈現。

對苦受有了一定覺知後，慢慢就可以開始練習對樂受的覺察了。跟苦受一樣，樂受可以是很明顯的，亦可以是很細微的。譬如待疫情緩和下來時，你到山上走走，呼吸新鮮空氣，享受大自然及廣闊的空間，那一瞬間感到整個人自在、舒服，而那就是樂受了。或者在忙碌的日常裡，忙裡偷閒十分鐘來品茶，讓身心放鬆，那就是樂受。又或者當老闆加薪給你，你感到整個人充滿自信，這也是樂受。

前兩本書告訴過大家我以前是一個完美主義者，亦因如此，留意苦受是我的強項，但對於樂受的覺察力就很弱了。以前遇到好的事情我覺得是應該的，或者因為幸運，就算順境我也不容許自己感到太快樂，因為覺得沾沾自喜的話，我就等於不謙卑。感恩禪修，後來我才明白有樂受並不一定等於會高傲，而兩個體驗並沒有抵觸的。同時，我發現原來因為忽略了樂受（以及不容許自己感到快樂），所以整個人很容易陷入自卑、自我懷疑、自我否定，以及在憂鬱的狀態之中。

透過觀察樂受，抑鬱的症狀慢慢開始減少，人變得輕鬆、自在多了。趁機在此與大家分享出自 Rhonda Byrne 的 *The Magic*，它是一本二十八日的感恩練習日誌，這本書幫助我建立留意樂受的存在，將我從多年來抑鬱的陰霾中走出來。如果你像以前的我一樣，對於樂受有著陌生的感覺，我大力推薦看這本書！

跟苦受一樣，在坐禪時，或日常中，當遇到有任何愉悅感受時，清楚知道那一刻正在體驗樂受。有次教瑜伽課後，我問候一位有抑鬱傾向的學生，想知道她練習後的感覺，她說：「我感覺舒服、輕鬆。但是，我怕這感覺很快會消失。」

我問她：「那這一刻你有什麼感受？先不談你擔心的事情。」

「此刻我感覺舒服。」她回答。

「嗯，那就代表此刻並沒有不舒服的感受，是不是？」我問。

這位同學好像被敲醒了一樣，眼睛一亮，說：「對啊，現在並沒有不舒服感覺。」

我們並不需要去處理苦受，只需要覺察到苦受的不存在，以及樂受的到來，心就能立即定下來了。

當對苦受及樂受有了一定程度的掌握後（不費力、不用思考就能覺察到苦樂受的存在），就可以向更細微的不苦不樂受作觀察了。與苦樂受比較，不苦不樂受因為並沒有「特別」的顯露出來，所以一般我們會將這些體驗視作「正常」、「沒特別」。就像每天起床刷牙、喝水、吃早餐、往返公司……這些所謂「正常體驗」因為沒有特別的舒服或不舒服，所以很容易被忽略。其實一天裡面，不苦不樂受的體驗佔大部分，而苦受與樂受反而佔比較少數（當然若一個人的執著、抗拒與無知越多，他的苦受樂受亦相對增加）。

有關不苦不樂受的中立感受裡，有個有趣的特質：若沒有覺察到它們的存在，我們很容易會感到納悶，而相對來說，納悶這感覺就變成一種苦受了。

給你一個例子，當你與另一半相處十年有多，大家非常有默契並且互相了解，很多事根本不用說就已經能有共識，同時大家有了既定的生活模式，譬如每個週末去超市、到同一家餐廳用膳、晚上各自看書、什麼時候一起做運動等等。雖沒有像以前般溫馨，不過卻很少吵架。有人會將這個互動方式形容為細水長流，卻有人會將之形容為淡而無味。

懂得欣賞不苦不樂受，你會發現那是一種幸福；不懂得欣賞，會覺得那欠缺新鮮感。所以，透過覺知我們是可以將不苦不樂受轉化成為樂受。若果生活中不苦不樂受居多，有技巧的禪修人能把這些體驗轉化成樂受，從而每天感到滿足、幸福和豐餘。

跟觀察苦受與樂受一樣，我們只需清楚知道不苦不樂受的存在或離開就可以了；不需要刻意將不苦不樂受變走，或者將它變成樂受，不然的話就會變成一種執著，為自己及他人帶來額外的壓力，這樣除了少了樂受之外，還會增加苦受！

留意對感受有沒有執著

當你對感受的覺察及認知變得熟練之後，就可以開始第二階段的練習了。至於需要多久才能到第二階段，這個真的見仁見智，時間可長可短。說真的，回看自己練習觀受的第一階段過了六、七年才真正開始觀察到自己有沒有對感受有所執著。

自負的我以為自己做得很好，但很多時回頭看才知道原來還有很多可以修正的地方。覺察能力的培養就像一個人生超級馬拉松，不需要急那一時三刻的成功，慢慢的、穩妥的打好基礎，這樣才可以走得更長、更遠。

先解釋執著的意思吧。在漢語網[1]裡面，執著解釋為：「正確譯文為取，音譯為阿波陀那，印度教術語。指對某一事物堅持不放。泛指固執或拘泥，亦指對某種事物追求不捨。」

對於執著一詞一般會將之認作為一種很嚴重的固執或放不下，譬如情殺案，兇徒因為深深嫉妒舊情人與新歡一起，並太執著於過往戀情，所以種下殺機。但其實執著可以是很細微，而且每個還未成道的人都有，滲透在每一個生活細節的觀念、想法、話語，以及行為裡面。

	有執著	無執著
樂受	有依戀或有貪著	無依戀或無貪著
苦受	有抗拒	無抗拒
不苦不樂受	有依戀或有抗拒	無依戀或無抗拒

一般執著有兩個呈現方式：

一、對於愉悅體驗的執著

二、對於不愉悅體驗的抗拒

對愉悅的執著

簡單來說，若果用一雙手來形容心對事物的態度，有執著的手就是執著、拿著不放的，沒執著的就是一雙敞開的手。又或者可以想像魔術貼有兩邊，一邊是有毛的，另一邊則是像貓舌頭的倒鉤，而執著的心就像心中對於不同對象產生了魔術貼的倒鉤，想把自己喜歡的、想要的勾著不放。執著的倒鉤微細，它既可以黏著表面的、明顯的人事物，也可以勾著一些不易覺察的心態及意識。

一般遇到愉悅感受我們的習慣反應是希望它繼續保持，所以會透過特別方式去努力維繫及保持。這本身並不是壞事，說到底這是一種動物的生存模式，是一種很根本的生存態度。只是當事情改變而自己卻想力挽狂瀾，這執著就無法讓我們面對現實，變成信念投射及情緒的俘虜者。

簡單來說，當你發現要「逆流而上」去掙扎、去生存、去爭，這時，就要知道時不予我，心可能執著了。怎知道什麼時候需要努力而沒有執著呢？就是你並沒有感到勉強。對，我們絕對需要努力，但若果你的努力是在能力範圍內，就算那刻環境並不允許，因為你並沒有勉強自己做能力範圍外的事情，所以你並不會有勉強的感覺，縱然可能身體會累，但心是樂此不疲的。

當你對自己的觀察越來越仔細時，對於執著的覺察亦相對提高。看到執著，只需要覺知到有執著就好了，因為若果你勉強自己不要執著，其實你就強化了對不執著的執著。

當我看到自己的執著時，我會觀察執著為我帶來的影響，譬如看到自己的心如何為一件事擔心一整天（或更久）、產生不同的情緒、無法以平常心看待事情，以及容易意氣用事等等。一次又一次觀察到這樣的自己（而不去壓抑這個面向），越來越理解這個模式運作，以及將為我帶來的後果（已經歷同樣結果太多次），慢慢不想再重蹈覆轍，所以自然而然就放下執著。

對待執著需要用一個溫柔的態度，越排斥它，它會變得越強大。

對不愉悅的抗拒

如上說明，如果你覺得不應該執著而勉強自己，其實這態度就已經在強化執著本身。

若果心中的手拿著一件你不想要的東西，你用力把它甩開，那並不是放下，而是排斥。第五話提過，若果你對一件事越執著，當它的反面呈現時，你就會想盡力甩開。所以用力甩開並不是放下，反而是因為執著而導致的抗拒反應。

抗拒這心態可以是明顯的，也可以是細微的。譬如你留意到有蚊子飛到房間內，可能你已經產生厭惡，希望牠快一點飛走，或者在盤旋想著應否打死牠（可能想都沒想就已經打死牠了）。不同的行為（抱怨或者打死蚊子）都來自對不愉悅的抗拒。又譬如你感到被對方誤會，你很生氣為什麼他不明白你的好意及立場，那個憤怒都是來自對面前狀況的抗拒。

抗拒就是：我不能接納事情是這樣。無論那個不接受的程度是多或少，都屬不接受。若果你說，「我接受它百分之九十，我讓它的百分之九十進入我心房。」請問那到底是接受還是不接受呢？很明顯的，若心不能完全接納，那都是不接納；接受是需要全心全意的，不能勉強。

有很多人會強迫自己去接受一些不能接受的東西，覺得因為這是正念練習，因為有正念的人就一定能接受一切並且安然觀察。這態度是頗危險的，它會導致我們壓抑內在的感受，人變得硬梆梆的。

其實，你不一定要「喜歡」一件事而去接納與觀察它；你只需認知到它的呈現就可以了。譬如當你看到自己不接納一件事，你只需要認知到：「事實是我暫時不能接納這件事」就可以了。

當你去觀察抗拒的感受時，不需要強迫自己接受，只需要認知到自己有抗拒即可。

感受的來源

若果留意對感受有否執著讓你覺得困難，可以參考一行禪師的練習方式，就是當覺知道感受時，可以去判斷一下那個感受源於身抑或源於心。譬如初次接觸瑜伽時，當伸展某一個部位，會感到身體非常緊繃，並且開始冒汗，當時你心想：「我的身體柔韌度真的很糟糕，我一定是全班最差的一員！」那一刻身體緊繃的感覺是一種苦受，源自於身（因為身體緊繃，所以有相應的感受），而將自己判斷為「班上最糟糕的練習者」這個想法也為自己帶來一種肉體的苦受（因為尷尬，導致身體更緊繃），而這個感受源自於心（對於這個感受的一個想法或詮釋）。

又譬如當你變成一個恆常瑜伽練習者，某天在體位法裡伸展某個緊繃的部位，雖然從身體角度而言這算是一個苦受，可是因為你知道伸展過後會變得舒服，再加上你留意到自己的進步，所以從心的角度而言，這伸展體驗屬樂受。

就以上兩個例子你可以看到，同一個感受，在不同時間、不同環境、不同際遇中，可以有著很不一樣的體驗，皆因源頭不一樣。

就我自己的觀察，很多時候心的感受都比較帶有執著（有著心的投射），而純粹身體的感受相對比較少執著。

重誦

如是，或於內受，觀受而住；於外受，觀受而住；又於內外受，觀受而住。或於受，觀生法而住；於受，觀滅法而住；又於受，觀生滅法而住。於是覺知：「唯有受」，如是唯有正智，唯有正念。彼無所依而住，不再執著世間任何事物。諸比丘！比丘如是於受觀受而住。

解說：

與身觀念處一樣，每個練習後面都有重誦以作提醒。受觀念處的重誦跟身觀念處的唯一分別就是從「身」一字變成「受」。重誦有幾個重要部分：

一、投入於自身感受中觀察它
二、觀察他人的感受變化（透過眉頭眼額、身體語言、言行舉止等等）
三、觀察每個感受的開始、終結及演變過程
四、透過觀察每個感受的始終來認知它們的本質及運作模式
五、練習者帶著持續的正念，清楚的知道每個感受只是在經歷著一個有始有終的循環（這是唯有受的意思）。
六、練習者純粹的觀察到感受的本身，並沒有對感受的呈現產生依附或抗拒。

當我越了解自身感受的產生與演變，知道有時感受的產生與我個人的成就並無完全的關係，我可以比較抽離的去觀察感受本身。過去二十多年身體都健康非常，那時很難理解他人身體出狀況時的苦況，直到生小孩後身體一直發生狀況，在不同時候不同部位產生不同綳緊、疼痛及不便，會發現這些感受產生背後有著千絲萬縷的因緣，看到這些綳緊與不便只屬自然現象（唯有受），到現在就可以比較放下批判心去留意到他人身體的感受與演變，發現原來我們並沒有不同，大家都是受不同因緣所牽引著。

與身觀念處一樣，透過投入感受的本身去全方位的仔細觀察自己及他人，進而留意到感受有始亦有終；它們有著無常的烙印，每一個感受都有自己的「時間」、自己的歷程。

要保持著開放的態度、維持平等的心、清晰的察覺到每一個感受在每一個瞬間的呈現狀態。不對任何的呈現有貪戀或者抗拒。

受觀念處「覺知感受」的應用

因為瑜伽練習的背景，除了墊子上的練習時間外，自己亦都會在日常生活中留意身體的姿勢與呼吸狀態，這樣維持了約兩年。雖然還沒接觸《念住經》及佛法，不過原來自己已經慢慢對身觀念處開始打基礎，至少這是當時的我所想的。因為瑜伽練習與某些與生俱來的特質，我對身體的感受非常敏感，所以當接觸到《念住經》的受觀念處時，我很有共鳴，並立即將它變成自己的核心練習。不過當觀察感受時，我發現自己不時跟抑鬱這個感受角力。

後來我發現有幾個原因讓我陷入這個情緒狀態無法自拔：

一、我很在意自己有抑鬱這個感受，我以為自己很純粹的觀察，但其實觀察的背後帶著很多對抑鬱的批判，並希望透過「正念呼吸」來驅趕它們。我忘了純粹看。當我越在意抑鬱的存在，抑鬱的感覺就越強大。

二、雖然之前有以身體為觀察對象，不過基礎沒有我想像中打得好。相對於觀感受而言，觀身體比較容易培養出一個中立的、純粹看的能力。因為感受比較「貼身」，影響力比身體大，所以其實比較難很中立的觀察。

就以上兩個體驗我現在會以身觀念處為基本，意指每天儘量留意身體的活動與改變。在以身體為本的大前提下，去觀察身體內的感受。當然，身受心法念處（即四念處）其實相輔相成，當好好練習一個念處，對其他三個的觀察能力亦會相對增加，所以每個念處並不能非黑即白的分割出來。

對於初學者而言，我們需要有一個仔細劃分，這樣我們才能夠打好基礎，讓練習變得堅固而幫助我們去面對生活不同的狀況。如果要拿捏到受觀念處，在身觀念處的練習中打好基礎是非常重要。不妨慢慢來，好好把握身觀念處的要點，之後才到受觀念處也不失為一個好的開始！

當你對身體及呼吸的覺察變的比較敏感之後，就開始受觀念處的練習吧（隨時回

到身觀念處也可以)。應用方法有幾種:

坐禪

建議先從上一章的「觀呼吸」開始,等身心安頓後,將覺知帶到整個身體空間,同時觀察著自然的呼吸;吸氣時,觀察整個身體空間;呼氣時,放鬆身心。這樣,一直觀察著呼吸與身體空間本身。與身觀念處的唯一不同是:身觀念處裡,我們只觀察身體的軀殼(形態與姿勢),這裡我們觀察軀殼內的身體空間。

心靜下來時,透過深入觀察,你會發現身體空間內不同部位在不同時間有著不同的感受。譬如腰部有緊綳,吸氣時,觀察腰部的緊綳;呼氣時,讓這個緊綳在可以的情況下放鬆,並且感受放鬆的感受。嘗試觀察感受的細節,譬如形狀、大小、深度、密度、強度等等。吸氣時,留意到感受的細節(清楚知道自己在觀察什麼細節）；呼氣時，讓身心儘量放鬆（不須勉強）。可以留意這個感受細節的改變，若果感受變的模糊了、淡化了，可以再次回到觀察身體空間及呼吸，直到下一個感受出現。

當對以上方式感到有把握後，在觀察感受時，可以同時覺察感受的類別：苦受、樂受，或不苦不樂受。不需要分析，只需要意識到有感受時，知道它的類別即可，不需要一直默默的在心中唸著：「這是苦受，這是苦受……」

每一刻容許感受自然而然的呈現，以及被你意識到，意思就是讓感受做主導，而覺知相對是被動的，有什麼感受產生出來就只覺察到它的細節及類別就可以了。不用刻意尋找，亦不需要挖掘特別的感受。感受可以是「正常」的感受、可以是深刻的、可以是細微的、可以是熟悉的、可以陌生的；感受可以是疼痛的、放鬆的、冷的、熱的、麻痺的、緊繃的、沉重的、輕鬆的、濕潤的、乾燥的、表面的、深層的、肉體的、情緒的等等。總之，在當下你感覺到的，就是當刻的感受。

觀察感受時，難免會去分析「為什麼有這感受出現」、「應該要怎樣除掉這感受（特別是苦受）」、「這屬於什麼的感受」等等想法。然而頭腦的分析並不是切身的觀察，分析將我們從當下的觀察拉走。假若你不能辨別感受到的屬於哪類別的感受，只需要知道你不知道就可以了。不需要著眼分析感覺呈現的原因，如果當下直覺告訴你為什麼有某個感覺存在，你會知道；若果當下不知道，就容許自己不知道就可以了。

觀察感受時，讓感受作主導，讓它自己呈現，當它走的時候，只需要知道它離開就可以。有時你會發覺某些感覺一直都在，你只需要覺知它「繼續存在」就可以了。可以將這練習視為在水族館觀賞魚兒游走的體驗一樣，你只是安靜的站在玻璃前，以一個好奇、開放的心去觀察，並沒有騷擾牠們、改變牠們的打算，你只是觀察著。如是者，不騷擾感受、不分析，只是靜靜的觀察著感受的變化就可以了。

所以，在坐禪的時間內，你並不會預先知道有什麼感受會出現，你亦不會知道感受會逗留多久，你只知道你的練習是坐著，並且把多一些覺知放在感受當中。但若果你對呼吸的覺察來的非常仔細、非常專注，有時可以整個坐禪過程不留意到感受（有時因為相對於呼吸，你對不苦不樂受沒有那麼容易覺察到），這都可以的。

當不用費力就能覺察到感受的類別之後，就可以同時觀察對於感受的態度了：有執著？有抗拒？抑或不理會呢？不需要勉強自己放下這些態度，只需要知道自己的態度就可以了。

時間到，就可以慢慢的鬆開坐姿，稍微休息一下，之後就繼續你的生活吧！

行禪

走路時，視乎自己的觀察能力，可以選擇去感受雙腳，又或者整個身體容器。

一、走路時，感受雙腳觸碰地面的感覺（特別是鞋底薄的鞋子，甚至赤足時），細心的感受每一步，你會發現每一步都有一些不同的感覺。放開胸懷，好好享受感受的本身。

二、走路時，感受隨著每一步身體容器內所產生的感受（有點像坐禪時的觀察）。譬如走路時留意到左邊臀部有點酸，只需要覺察到酸的感受即可。

有把握後，才嘗試辨別感受的類別。再之後才觀察對於感受的取態：有沒有執著（希望維持某些感受）、抗拒（希望某些感受離開），或者無視（覺得感覺是「正常」、「應該」）。

食禪

食禪時，可以選擇感受以下的不同對象：

- 吃的時候的坐姿，以及身體容器內的肉體感受。

- 聞到食物的味道，留意有何感受（譬如聞到香氣知道那是樂受）。
- 咀嚼時，感受食物為身體所帶來的感受。

如行禪練習，同時可以查看對於感受的取態。嚐到什麼味道，知道就可以了。

瑜伽禪

練習瑜伽時，留意身體的移動、動作的本身，以及動作與動作間的轉變（這是身觀念處的練習）；之後，可以留意動作裡、移動過程中有什麼感受於何時出現、什麼感受於何時離開。譬如正在進入前彎時，留意何時、哪裡開始有伸展感受發生、伸展強度如何改變，以及伸展何時停止等資訊。從前彎開始移動到下一個動作時（譬如站姿），留意之前的伸展如何減少、哪裡開始有肌肉收縮（或伸展）感覺、感受何時完結等等。以一個開放、好奇的心去探索這個身體體驗！

當你對動作間與移動中的感受變得敏銳後，同時可以觀察對於不同感受的取態。有沒有希望保持某些感受？希望某些感受快點離開？不理會某些感受？有、無都沒有好不好，純粹感受到就是了。

日常小練習或正念鐘聲

如果已經有開始練習日常小練習，每天練習時，留意身體感受的出現與離開，以及嘗試覺察感受的類別。譬如洗澡的時候，留意水灑在身上的感覺，看看這是樂受、苦受，抑或是不苦不樂受。如果你覺得「這並沒有什麼特別感受」，只需要知道對你來說，那是一個不苦不樂受就可以了。

當練習做的熟練之後，就可以去觀察一下感受源自於身，還是源自於心。

在正念鐘聲的練習裡，當「聽到」「鐘聲」響起時，把覺知帶回身體，先覺察身體當刻的姿勢，好好的跟著呼吸幾次，之後將覺知放大觀察整個身體，感受一下當下身體整體來說有著什麼感受。對練習有把握後，就觀察一下對於感受的取態。

受觀念處：在關係中練習

可以先從一個你想改善的關係著手（這樣比較容易記得練習），可能是與上司的關係、與父母的關係、與另一半的關係或與子女的關係等等。每天以恆常練習（譬如坐禪、瑜伽禪修、行禪等）為基礎，讓它們幫助你建立穩定的心，有了穩定的心就更容易在關係裡將正念有效地發揮出來！

每次遇到那段關係時，提醒自己，練習開始！

一、觀察他人比觀察自己來得容易，但記得首先要觀察自己，以免落入思想投射之中！

二、留意關係裡的互動，譬如與對方說話時，留意身體的姿勢（身觀念處），覺察身體有著什麼感受？哪裡有感受？嘗試純粹將觀察感受為感受，不需要自我勸說地將感受理論化、合理化；不排斥、不誇大，純粹的觀察。感受來了，讓它來吧；感受離開時，輕輕讓它走就可以了。

三、如果觀察以上兩點並沒有讓你感到「頭腦很忙碌」又或者「想很多」（記得，觀察並不等於分析），你就準備好去觀察對感受的態度。留意有沒有或多或少的抗拒、排斥現有的感受呢（希望它可以快些離開、改變等等）？或者對於感受的依附呢（希望感受可以再停留久一些）？或者可以觀察感受的源頭。如果對於感受並沒有產生太多執著，一般只會在身體感受到。但，若果我們有某程度的排斥或者貪著的話，那個感受除了在身體感受到之外，亦會在頭腦感受到。若果留意到將感受理論化（譬如「真的不需要為這傢伙感到悲傷！」），就知道有執著即可。

譬如患了上呼吸道感染，感到喉嚨乾涸、頭痛、流鼻水等等。身體的感受可能是頭重重、疲乏、想睡覺的感覺。又或者可能會感到喉嚨有卡卡的感覺，吞口水的時候喉嚨會痛一下；鼻子以下、嘴唇以上的位置因為擦鼻子太多，所以有點敏感的感覺。以上就是所謂身體的苦受。若果你同時感到：「為什麼我又生病？是否患肺炎？這樣很影響工作啊！我不想病啊！好辛苦啊！」這時，可以知道這些苦受源自於心了。無論感受如何：喜歡的、不喜歡的，嘗試純粹的覺察，相信持續的練習會自然為你和對方帶來正面的改變。

1 http://www.chinesewords.org/dict/127079-354.html

第十一話

與情緒相處

說起情緒嘛，很多人自然就會將它列為負面的東西——一些我們需要處理、需要遠離，甚至最好沒有的東西。當一個人有情緒就容易被視為一個弱者、一個不能自控的人，甚至是一個意氣用事的人，而這些面向都是不被歡迎及接納的。

自然界裡並沒有垃圾，而情緒也當然是自然界的一份子。情緒並不是來拖垮我們的，它也有它的存在價值與目的。情緒反映出我們深層的渴望，以及個人的價值觀。譬如每個人得到愛時感到幸福、失去時感到沮喪，這些情緒都只是反映我們的內心世界。因為有情感(這裡用情感來取代情緒)，所以我們能夠很立體的去體驗生命。試想，若沒有幸福感，你還會想繼續「幸福」的生活嗎?若果沒有沮喪感，你會產生那麼強大的動力去跨過困難嗎？若沒有失敗感，你會努力的爭取嗎？若果沒有快樂的感覺，你會學到珍惜嗎？若果沒有了感覺、沒有了情感、沒有了情緒，生活就變得刻板，這樣的生活跟機械人沒兩樣，而就算機械人做得多好，它跟我們不同的地方就是它永遠不能有幸福感。

試想想，如果人生並沒有一個既定的意義，那麼，人生的意義就取決於我們，無論那是成家立室、事業有成、精神修煉、養育兒女，這些意義裡都會帶著一些幸福愉快或者光榮的感覺，而這些感覺都需要有情感才能體驗到。透過追求幸福的過程，我們會不斷往上爬升。

當然，有高就有低，有幸福感就有失落感的可能性。人生就是充滿著不同的高低起伏，透過體驗每一個起伏，我們能夠更清楚自己。透過每一次的跌倒，我們會學到站起來；透過每一次的成功，我們會提升自己的能力。就這樣，我們學到謙卑，同時也學到認知自己的能力。

情感、情緒本身只是一個顯現，它的本質並沒有好壞之分，一切視乎自己的詮釋。不懂解讀，你會覺得情緒是一個障礙物；懂得解讀，它可以引領你找到人生意義。若果麻木自己的情感，我們就會連幸福感都拒之於門外，所以學習與情緒相處絕對是一門重要的課題。

對壓力的慣性應對習慣

根據家庭治療界前輩沙維雅女士（Virginia Satir），一般當我們受到壓力時有幾個應對習慣：

一、討好他人
二、往外指責
三、理性分析

四、打岔／逃避

一、討好他人：可能是我不好

當遇到壓力的時候，有些人會有意無意選擇讓步而達至整體的和諧。他可能會壓抑自己的需要及意願去迎合或討好對方，希望得到對方的認同或認可。因為需要壓抑自己的想法與需要才能維繫到想要的和諧，很多時這些人會變得不清楚自己的需要（因為有太多聲音需要聆聽，無暇聆聽自己的聲音），或者不了解自己的感受與想法。

這些人（我都屬於這一類）容易感到自我價值低、沮喪、抑鬱、自責、委屈及怨恨等等習慣情緒。

二、往外指責：是你的問題

往外指責的人慣性將事情歸咎於外面的人事物身上，覺得自己理所當然，有問題的是環境、時間、他人、運氣等等。這些人不會為自己的情緒或感受負責，他會覺得自己是一個受害者，因為用了大部分時間去批判他人，卻跟自己的情緒、感受與內心渴望變得陌生。每一個體驗都是一個與外的互動，就像打乒乓球，你的球如何發就會某程度上影響對方如何接，以及回來下一球的走勢。所以，一切的體驗都是共同造作，當能夠為自己的部分負責，人生的路可以變得很不一樣。

往外指責的人通常有容易感到生氣、煩躁不安、容易動怒、敏感、將事情合理化、無助等等習慣情緒。

三、理性分析型：壓抑情緒

理性分析通常的想法為：「明明已經分手了，這是最好的安排，我沒需要為這個人傷心！他根本不值得我為他難過！」、「既然這已經發生了，看開點吧！」、「但其實對方都不是有心的，我要放下。」

其實情緒本身就像一個小孩，根本不會理論誰對誰錯，總之現在有這個感受就有這個感受。在情緒高漲的時候去跟這位「情緒小孩」理論，除了幫不到已產生的情緒外，反而會增加更多的情緒。

記得小時候當有情緒時，長輩會說：「不用哭啊，沒有這個玩具，另外一個都很好玩啊！你看！乖，就讓他一下吧。」其實那一刻的感覺就是：「我很不開心，那玩具是我先看到的！為什麼我要讓他？」長輩不但沒有理會，反而會不斷說服自己要退讓（因為這才是好孩子的行為）。因為我想當個好孩子，雖然不甘心退讓，但最後卻「選擇」做一個好孩子（其實都沒得選，因為繼續鬧只會被罰），慢慢就會學習用邏輯去說服自己的感受。

理性分析的原意就是希望了解事情本身（出於好意），但卻遺漏了當事人的感受，反而造成一個善意壓抑的狀況。所以通常會遇到的是對情緒的麻木、憤怒（來自過分壓抑）、埋怨、身心疲憊（過分聽頭腦而壓抑了身心需要）等等狀況。

四、打岔／逃避：先避開尷尬的話題

當遇到壓力的時候，有些會選擇逃避問題，譬如與妻子不合，會選擇留在公司久久不回家或者躲在自己的房間內（或裝看電視、忙自己的事情）。若果在不能離開的情況下（譬如跟親戚聚會）會選擇用說笑的方法去緩和氣氛或轉開話題。

這種「太極對應手法」用得適當會是一種技能，不過若果變成一個習慣，它卻會強化了一個人對感受的麻木、逃避，採用了一種放棄的態度，導致感到長期的孤獨感、無助感，這樣的生活很難會感到幸福。

要知道這幾種應對方法並沒有對錯，這是一種與生俱來面對壓力時的應對模式，一種生存技能。不過問題是，若果我們沒有遇到實際的壓力，我們並不需要採用這些緊急應對模式。若果這種緊急應對模式已變成習慣，那我們就會被自己的模式捆綁著了。

透過對身體及感受的覺知，我們更容易覺察到這些應對模式何時被啟動。知道了，就可以將習慣應對模式變成一個有意識的回應。這樣，你就不再是習慣模式的俘虜了。

傷口上撒鹽

如第三話說過認知的過程中，上面所形容的習慣反應就已經是行蘊的運作，而每個瞬間五蘊的運作可以完全未被覺察下流轉多次。對於已發生的事情通常我們會一想再想，想著問什麼這樣、問什麼那樣，視乎我們的想法，它們可以勾起不同的情緒，衍生不同的心境狀況。視乎心境狀況，我們的行為及意識都會被影響著。

事實與詮釋

在這裡想跟大家分享一位啟蒙老師 Baron Baptiste 的一個練習，幫助我們釐清事實與詮釋。先準備一張紙，一支筆，之後用一兩分鐘靜下來：先坐直，感受雙腿坐著，讓雙腿放鬆，跟著自然的呼吸節奏三次，吸氣時留意身體的形狀，呼氣時放鬆身心。準備好就張開眼睛。

可以想像一件之前發生的事；一件讓你有點不舒服、放不下的事，此刻哪一件事出現在腦海的話，就用那一件事來做練習吧！

將紙直放，中間畫一條線，再在左手邊畫一條等分成兩格的橫線，如圖：

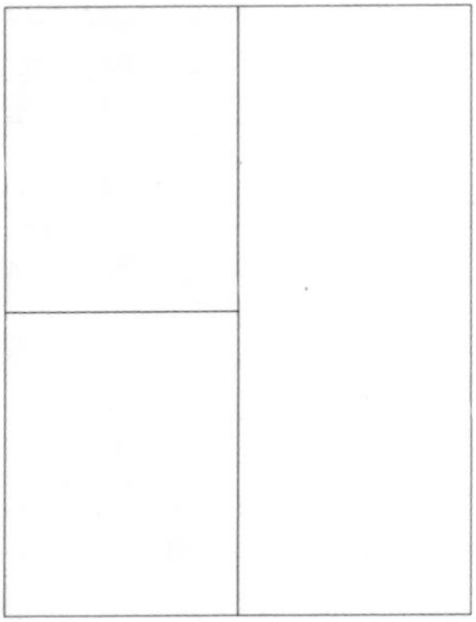

在左上格上面寫上事實一詞，之後將事實寫在那一格內。留意，事實需要符合以下幾個特性：

- 客觀的：無論哪個立場的人經歷同一件事，大家都會同意那句話，才叫做事實。
- 只記錄發生了什麼：不是記錄沒發生什麼，正面的。
- 沒有任何時間的形容詞：常常、永遠、從來沒有、一直，因為這些都充滿著個人的投射。

- 沒任何形容或具含義的詞彙：大聲、勸說、誤會、以為、不喜歡、討厭等等。
- 儘量簡單，只記錄：時間、人物、地點、事情。

例一：老公常常當我的話是耳邊風

首先，如果你先生看到這句話會同意嗎？若果他不同意，這句就不是事實了。「常常」這一次包含了很多的期待與失望，但事實可能並不是那麼的「常常」。「耳邊風」這一詞也是充滿自己的投射，所以這句話不能成為事實。

可以改成：上星期六跟老公講有關我的不滿，他「嗯」了一聲就回房。

你看，這句話就放下了任何立場。

例二：老大老二每次坐在一起就會吵架

就算雖然他倆常吵架，相信有些時候兩人坐在一起是沒有吵架的。所以，這句話並不算事實。

可以改成：昨天晚飯時，老大老二吵有關打電動遊戲的時間分配。

之後，右上格寫上詮釋一詞。而詮釋就是你對這件事的一切想法，例如：

事實	詮釋
上星期六跟老公講有關我的不滿，他「嗯」了一聲就回房了。	○他根本不在乎我 ○他不愛我 ○我們之間很難溝通 ○我不知道我們這段婚姻如何繼續走下去 ○至少要告訴我他的想法 ○不知道他究竟想什麼 ○難道我們一直就這樣？

不用想太多，關於這件事，有任何想法都通通寫下來，一直寫，直到再沒有什麼才停筆。

寫完之後重新看一次記錄下的詮釋，看的時候，留意有什麼情緒產生，之後可以將感受到的情緒記錄在左下格：

事實 上星期六跟老公講有關我的不滿，他「嗯」了一聲就回房了。	詮釋 ○他根本不在乎我 ○他不愛我 ○我們之間很難溝通 ○我不知道我們這段婚姻如何繼續走下去 ○至少要告訴我他的想法 ○不知道他究竟想什麼 ○難道我們一直就這樣？
情緒 ○憤怒 ○傷心 ○失望 ○沮喪	

寫完之後我想你慢慢去看一下。其實有多少詮釋屬於事實？有多少詮釋來自自己的假設？有多少情緒是真正反映著實際發生的事？

翻看一列詮釋當中，你應該不難發現它們可以歸類成幾個主題。就上面的例子：

不被愛	欠缺了解	應採取的行動	對關係的感覺
他根本不在乎我	兩人很難溝通	告訴他我的想法	疲憊
他不愛我	不知道如何走下去		
	互動模式是否會一直一樣？		
	不知道他想什麼		

最多的詮釋圍繞著大家欠缺了解而導致不同的情緒衍生。這位朋友在婚姻關係裡遇到一個欠缺了解的主題，而我相信這主題除了在這件事上凸顯之外，這些不了解對方、兩人很難溝通的困難，應該都有在其他關係中出現。而當遇到「不了解或不

被了解」的體驗時，就伴隨著一些不陌生的慣性情緒。

從這件事大家可以看到自己的情緒並不是純粹因為一件獨立事件而產生，反而因為過往的經歷與傷痛導致我們會習慣從某一個角度的解讀方式去理解事情，從而再次強化一些習慣性的情緒。在五蘊的運作裡，情緒、意識可以影響我們接受外界訊息、如何感受、如何解讀、如何反應，以及如何強化個人觀點角度與信念。

若果我們細心觀察，從一件事的反應可以看到我們一直以來的認知運作模式。現在可以先擱下此書，回到你的故事裡，嘗試找出什麼是你的習慣投射及習慣情緒。

陪伴情緒

知道自己的詮釋、習慣投射及習慣情緒固然重要，不過暫時為止都只是一些頭腦上的認知，只得頭腦認知不但不能夠幫助我們完全梳理內心的鬱結，反而更可能會讓我們無意中壓抑了自己的情感。所以我們需要著實照顧已生起的情緒，不只是透過上述練習來「知道」自己的詮釋，就當作是已經接納了事實。情緒先要感到被聆聽、被理解，它才能真正的被釋放。接下來我們就開始第二階段的練習。

找個地方安靜地坐下來，脊椎保持挺直，雙手可舒服地放在大腿或雙腳上，閉上眼睛。慢慢深呼吸幾次，之後開始邀請雙腿放鬆，安頓下來；再邀請其他身體部位也跟著放鬆，安頓下來：盤骨、軀幹、肩膀、手臂、頸部、頭部、眼睛等等。

當身體開始放鬆下來後，回到呼吸，吸氣時，留意身體空間的感覺，呼氣時，容許身心再放鬆一些。慢慢地，可以回憶那一件事，回憶時，腦海中可能會有著不同的詮釋盤旋著，此時，感受一下身體空間，覺察一下哪裡最能感受到不舒服。

嘗試將這個不舒服的感受看成為一股能量，放下任何標籤、任何的分析。感受到情緒能量所在之處時，把手放在那個部位，指頭微曲，幻想自己用手拖著這個感受，就像拖著一個被情緒困擾的小孩的手一樣。陪伴它一起呼吸：自然吸氣時吸到那個部位，呼氣時容許那個地方有任何感受。給這個感覺一些時間，好好的陪伴它一起呼吸，你可以幻想拖著這小手，輕輕跟他說：「我知道你正在受苦，我會陪著你。」一起靜靜的坐著，不用改變什麼、處理什麼。

以呼吸作為你的穩定之所，細心觀察感受的質感，如形狀：從哪裡開始到哪裡完結；大小：覆蓋什麼地方？深度：它走到身體多深的地方？溫度：是熱、暖、體溫般，抑或是冷的呢？密度：粗糙還是細密？讓自己變回一個還沒有語言能力及概念的小孩，能感覺到什麼就是什麼，沒有好與壞，懷著好奇的心去感受體內的能量。

適合的話，可以幻想自己走進這個能量之中，變成它的一部分，讓這個感覺以第一身發聲。若你感受到胸口很壓迫，投入胸口的感受時，可能它會說：「很壓迫，好辛苦，不要再迫我了！」以第一身的方式去發聲容許你投入於感受的其中，不是只以一個旁觀者去看這件事。

這個感受可能很多話要說，讓它細說它的故事，容許這些訊息毫無過濾的流露出來。有時候情緒悶著，沒有什麼特別要說，或者感到塞住，不能發聲，沒關係，那就容許自己將呼吸引導到這個部位就可以了。

放下你要改變這些感受的想法（因為它們很清楚你有沒有真正的接納它們），只是陪伴著、靠近著這些感覺就可以。

你可以溫柔的跟這個感受說：「我在這裡陪你，我知道你盡力了，辛苦你了。」可能感受會改變，可能會變大、可能會變小、可能沒改變、可能你不能集中……容許任何可能性發生，無論體驗如何，嘗試完全的陪伴自己，以及這些感受。

每一個情緒的背後都有著一個未被滿足的原始渴望。這些原始渴望都是人類的共同渴望，如被愛、被接納、有歸屬感、有創意、有連結、有自由、有安全、有平靜、被認可等等。透過對情緒的陪伴與聆聽，嘗試感受一下情緒背後希望得到什麼？適合的話，可以輕輕的問它：「此刻你渴望得到什麼呢？此刻你需要什麼？」

我記得有次我的委屈告訴我它需要空間。我就以堅定及真誠的態度答應委屈：「好，我答應你放下下午的工作到山上走走。」當我回應了委屈的需要，它頓然穩定下來。

你可以問問感受的需要。很多時我們希望他人能解讀並且有完善的滿足自己內在的需要，可是大部分時候期望與事實的確有落差。其實最能有效照顧內在渴望的人是自己，與其假手於人而不斷感受委屈、沮喪，倒不如親手照顧自己的需要。這樣，我們才不會因為內在的貧乏而要求他人滿足自己，我們才有能力與外界發展出一個真正健康的關係。

若果你答應感受去幫助它，記得守承諾，不要讓自己失望啊！

當情緒安頓下來時，回到呼吸的觀察，吸氣時留意身體整體的感受，呼氣時讓身心安頓下來。當你感到完全安頓了，就可以睜開眼睛。

感恩情緒讓你可以跟自己有更深的連結，可以助你找回要走的路，可以幫助你找到需要的答案。

四念住

心

第十二話

探索更細緻的心境狀態

上一章提到念頭可以啟動不同情緒的產生，而這一章就去探討一下影響念頭背後的不同心境狀態，它們就像一股能量，能量是什麼，就會顯現同一頻率的念頭。回南天時，濕度很高，雲霧迷濛，讓人提不起勁。將回南天譬如為心境狀態，有著某種心境天氣狀態會比較容易引起某些特定的想法與情緒。

身體、情緒、念頭、心境狀態，一個比一個細緻，若果對身體、感受的了解沒有一定基礎，是不容易觀察到念頭及其背後的心境狀態的。

念頭是很貼身的東西

記得剛開始做冥想練習時，老師說：「觀察自己有沒有念頭。」我記得那時想：「什麼念頭？會有什麼念頭啊？沒有念頭啊。」老師說：「那些『我沒有念頭啊』就是念頭。」原來念頭是多麼的貼身，若沒有經過有意識的訓練，根本不能將覺知與念頭分開。

因為念頭是那麼的貼身，所以不容易察覺到自己掉入念頭裡面。我相信很多人都嘗試過用意志力希望將頭腦靜下來，但一般成效都不大。矛盾的是，越想將念頭放下，就製造了更多念頭。除了解不開第一個念頭的困擾之外，還會增加更多抗拒、排斥感。

念頭這東西嘛，最好不要跟它正面衝突，因為它一定會贏的。就像落入蜘蛛網的小蟲一樣，越是掙扎，就越被纏得緊。無論情緒也好、念頭也好，它們都有著無常的法印（Signs of Impermanence）；它們只是一個心靈的過客，當沒有足夠的條件讓它們留下，它們就自然會離去。

如果我們能以一個開放的心，純粹的觀察著，它們就可以「順利過渡」。越介意它們的出現，我們的抗拒就會拖慢它們本身的「流程」。抗拒中有著執著，而執著使我們將念頭「拿著不放」，所以它們就無法離開了。試想想，當我們介意一件事時，在態度上就是握著不放，心一直「惦念」著這些念頭與情緒，所以就算情緒與念頭想離開我們都一直拉著它們！

這裡跟大家介紹《念住經》的心觀念處。請大家給自己最大的耐性去練習，不求立即做到，只求持之以恆練習就可以了。每次「失敗」後站起來這個動作已經在強化你的耐力、包容、耐性及平常心！假以時日，你會體驗到因「練習不成功」而被養成的強大的覺知能力！

第三念處：專注觀察心的行為——心觀念處

然諸比丘！比丘如何於心觀心耶？

諸比丘！於此，比丘心貪時，了知：「心貪。」心離貪時，了知：「心離貪。」心瞋時，了知：「心瞋。」心離瞋時，了知：「心離瞋。」心癡時，了知：「心癡。」心離癡時，了知「心離癡。」心集中時，了知：「心集中。」心散亂時，了知：「心散亂。」心廣大時，了知：「心廣大。」心狹小時，了知：「心狹小。」心有上時，了知：「心有上。」心無上時，了知：「心無上。」心有定時，了知：「心有定。」心無定時，了知：「心無定。」心解脫時，了知：「心解脫。」心未解脫時，了知：「心未解脫。」

解說：

如果受觀念處是觀察不同的感受，心觀念處的目的就是學習觀察不同的心境狀態。佛陀為我們提供了一個「心境清單」[1]，讓我們更清晰地留意每一刻心境狀態的呈現及變化：

「普通的」心境狀態（善或不善）	
善	不善
離貪	貪
離瞋	瞋
離癡	癡
集中	散亂

「較高的」心境狀態	
有	無
廣大	狹小
無上	有上
定	無定
解脫	未解脫

「普通的」心境狀態

在這裡先跟大家解釋一下不同的心境狀態。「普通的」心境狀態所指是凡夫平常所呈現的四類心境狀態，再加上與其相反的狀態。

貪：對於愉悅感受的一種留戀、依戀的狀態。當貪存在時，我們多多少少希望能夠繼續擁有或保持某些人事物的呈現方式。

離貪：離開或沒有依戀的狀態，又或者一份知足的狀態。

瞋：對意識對象有著一種或多或少厭惡或排斥的態度，覺得某些事情「要」停止或者結束的一種執著。

離瞋：離開排斥的狀態，沒有對意識對象生惡，也可以指充滿慈愛的心。

癡：不清楚事實，對無常、無我，以及因緣和合欠缺認知或透徹性。

離癡：沒有歪曲現實，純然的接觸到現實本然的狀態，亦即是跟無常、無我及空性對應到的心境狀態。

散亂：心不能專注、心游離，掉落在各種念頭或者呆滯狀態。

集中：心能夠清晰地專注，這個心境狀態能幫助練習者邁向「較高的」心境狀態。

我們與生俱來的就是一個「追尋舒服、遠離痛苦」的機制，不然的話，我們這個物種基本上不能傳宗接代的繼承下去！所以，我們天生會傾向想保持愉悅的體驗。其實問題不在此，問題是，會否被這種原始機制限制了。

萬事每時每刻都在變動，但若我們抓著不放，當事情改變時我們就會感到萬般痛苦。

這個正念練習並不是要我們「不貪」，而是知道貪的存在與否。去享受一個東西，不等於就有貪，而不享受就不等於沒有貪。當中有沒有執著於「事情應該怎樣」才能斷定當中有沒有貪的存在。

當練習時，我們只需要如實知道當刻的心境狀態，並確認它的存在就可以了。

譬如當你發現自己一直想著一件已過去的事，同時發現自己很介意自己當時做得不好，總覺得可以怎樣調整一下，此時，回到呼吸，覺察到：

- 有貪：對於「自己一定要做得好」的執著
- 有瞋：對於「我做得不好」的厭惡
- 有癡：忘記這狀態的無常（很介意自己做不好就等於「以後」都會做不好，忘記其實一切都在改變當中。）
- 心散亂：不斷從一個念頭跳到另一個念頭

看到就可以了，放下：「啊，為什麼我那麼差？怎樣可以再『正念』一點？」不然的話，越被自己的想法纏繞。

在觀察「普通的」心境狀態時，除了留意到每一個瞬間心境狀態的呈現之外，亦包含留意心的整體狀況。若果練習者能夠嘗到無貪、無瞋、無癡的心，那就已經是一個成道的狀態了。嘗到這個瞬間的美好，之後就需要繼續努力去培養這個狀態的穩定性。

「較高的」心境狀態

若果心能夠清晰地看到以上不同的狀況，這時心對於不同的心境狀態的執著相對減少，繼而進入一個「較高的」狀態。而這些心境狀態跟禪定的次第（可參考《瑜伽生活禪》第九章）有所關聯：

廣大／狹小：廣大所指是對禪定對象覺察的寬度有關，譬如從自身觀察到虛空的遍佈、意識的遍佈、空性的遍佈，以及意識及非意識的遍佈等等。

無上／有上：這裡關於知道當刻禪定的境界並且知道需要放下某一個境界的執著去發展更高層次的禪定。

定／無定：這裡的定就是指禪定與修行的定。除了禪定的穩定性之外，也覺察到日常生活中覺知的穩定性。此時，練習者清楚自己整體的心境狀態遠離貪瞋癡多少，放下、安逸、自在又多少。

解脫／未解脫：解脫就是對於事情應該是怎樣這個概念的放下，回歸到人與大自然和諧相處的狀態。在此，大自然的意思並不只是指植物、森林那種大自然，而是與無常無我的宇宙河流和諧的流轉著，安然的順應著大自然的節奏而行。解脫的狀態意思亦指成道，得到永遠無貪、無瞋、無癡的穩定。

在此「較高的」心境狀態裡面看到有多少平常心、有多順勢而行，同時亦知道自己的專注或者正念有沒有進步的空間。就算知道有改善空間，亦會順勢而行去改善但放下對結果的執著。

除此之外，解脫後其實比一個正常人更正常，只是內在空間擴闊了。在這裡想跟大家分享一下 Jack Kornfield 在《狂喜之後》一書中提及解脫的狀態：

The transformation is the opening of the heart and not a personality change.

I'm still the same quirky person, with much the same style and ways of being. So that on the outside I'm not that amazingly transformed, enlightened person I first hoped to become. But there's a big transformation inside. Years of working with my feelings and family patterns and temper have softened the way I hold them all. In the struggle to know and deeply accept my life, it has been transformed, and my love has grown larger. If my life was like a crowded garage where I kept bumping into the furniture and judging myself, now it's like I've moved into an airplane hangar with the doors left open. I've got the old stuff there, yet it doesn't limit me like before. I'm the same, yet now I'm free to move about, even to fly.

Emotional awakening, then, is not about becoming a different person. We may naturally be an introvert or an extrovert, a joyful person or an impatient one. Dzongsar Khyentsie Rinpoche goes so far as to say, "Sometimes a master can be a great teacher but not necessarily a great person. Perhaps he or she is short-tempered, not easy to get along with, or makes many demands." When Ram Dass was asked after his years of spiritual discipline whether he had transformed his personality, he laughed and answered no. Instead he said he had become "a connoisseur of my neuroses."

這篇文章讓我對於解脫有了一個更現實的理解。對，覺悟之後其實個人的性格、風格並沒有改變，唯一的改變只是內在的愛加深了，以及心靈空間的寬闊度。曾經有位靈性老師跟我說過：「就算面前出現了一位已成道的大師，我們都不一定能夠認出他／她。因為那人從外表看來是一個普通不過的人，沒有光環，甚至可以是一個自己覺得討厭的人。」那人只是回到他／她的純然狀態，像 Ram Dass 大師所說，那人只是對自己神經質的一面有了更深的了解與包容。我們能否認出大師，就視乎自己的心。

重誦

如是，或於內心，觀心而住；於外心，觀心而住；又於內外心，觀心而住。或於心，觀生法而住；於心，觀滅法而住；又於心，觀生滅法而住。於是覺知：「唯有心」，如是唯有正智，唯有正念。彼無所依而住，不再執著世間任何事物。

諸比丘！比丘如是於心觀心而住。

解說：

心觀念處的重誦與受觀念處唯一不同的地方就是從「感受」變成「心」或「心境」。意思就是練習保持一個開放、清晰的覺知，投入的觀察在內、在外從開始到結束的不同心境變化，不執著於「心境應該要怎樣」或者放下「要改善某些心境」的想法。除了觀察自己的心境狀態與改變之外，亦留意他人的心境狀態與改變。

心觀念處「覺知心境狀態」的應用

跟受觀念處的應用方式一樣，可以在坐禪、行禪、食禪或瑜伽練習中去留意心境的變化。從留意身體的姿勢或呼吸開始，慢慢將覺知移到心境的場域中，由「普通的心境狀態」開始做觀察，特別是：有貪／離貪、有瞋／離瞋、集中／散亂（因為愚癡實在太貼身，不容易察覺到，對貪、瞋及散亂的了解，慢慢可以接觸愚癡的存在）。當對「普通的心境狀態」有了掌握後，特別於坐禪時很自然會昇華到「較高的」心境狀態的觀察！

心觀念處：在關係中練習

如受觀念處一樣，選擇在自己想要改善的關係裡開始。當自己身處在關係時，留意互動中自己的心念，自己是：

有貪／無貪：有否介意事情一定要怎樣。譬如覺得在一個婚姻關係裡就一定要有某一個相處模式（就算那是世俗公認好的），覺得對方一定要認同自己或者一定要明白自己。有沒有知足的心境出現。

有瞋／無瞋：有沒有對某些狀況維持著或多或少的排斥感，心有沒有慈悲的出現。

有癡／無癡：有否假設了一切狀態是恆常？

散亂／集中：在這個關係裡與對方互動時，自己到底有多當下呢？是否手常常拿著手機不放？或者當對方跟自己說話時，心不在焉呢？除了留意對方之外，有否留意到自己的呼吸以及身體或感受呢？

廣大／狹小：心胸是否廣大（能容納不同的狀況）抑或很狹小地轉牛角尖、斤斤計較呢？

有上／無上：自己的身口意是否對應到自己與他人的最高真善美（雙方長遠的福祉）？

有定／無定：能夠多穩定將心保持在當下呢？

解脫／未解脫：有遠離貪瞋癡麼？在生命的不同層面上感到投入而且自在平安嗎？

記得，如實的、純粹的覺察到就可以了。無論心境如何，知道就好。離去的，讓它離去，繼續投入地活在每一個當下！

1 部分內容取自無著比丘的《念住：通往證悟的直接之道》。

四念住

法

如果有留意到，每個念處並不能與其他三個念處分割開來，每個念處雖然有不同之處，不過也有著相互影響的關係，它們並不能單一獨立存在。

透過對於身體（身觀念處）的深入觀察，你會看到身體每刻的姿勢會不一樣，當中感受不同的感受每個瞬間在發生。透過對於感受的觀察，你不難看到不同的感受會被不同的心境影響。以上三個次元（身、受、心）都有著無常、無我及空性的特徵，唯一不同可能是細緻度而已。同時，每個次元既可以影響另外其他次元，同時亦可以被影響；每個次元，甚至每個次元當中的呈現既可以是影響其他的「因」，亦可以是被影響得出的「果」。

修煉及教授《念住經》多年，從自己與學生的體驗中，發現身觀念處及受觀念處是比較容易理解及體會的。至於心觀念處及法觀念處（這一章開始講述）相對比較抽象，甚至哲學性。若果你也有同感，不妨考慮暫時繼續以身體及感受為練習對象（視乎兩個之中哪個比較容易掌握）。

有天，你會發現心、法念處並沒有想像中「難以觸摸」，也不是哲學理論，而是宇宙本然的運作方式，就像呼吸般那麼實在時，佛陀的教導就慢慢成為了生命的一部分了。

當能夠自然而然以一個平常心（連提醒用平常心的想法都沒有）去看待生活的小細節時，你不難發現整個人很自然變得從容起來。其實，若果我們跟著佛陀對於前三念住的引導去練習，培養出一個平常心是遲早的事。一開始禪修時，難免會對結果抱著很大期望，並且覺得可以憑自己的意志力去衝破一切困難。可是，正念的培養並不能單靠意志力，反而適時透過適當的放下，人才能變得豁達。在練習期間，無論是身、受或心觀念處，當發現自己做得未如理想時，原諒自己，因為這也是放下的練習之一！

這章為大家介紹法觀念處。它主要針對一切透過因與緣而產生的任何現象，稱之為「法」(dharma)。當中可以指任何實體的呈現，包括肉眼看到的、耳聽到的、鼻聞到的、舌嚐到的、身觸摸到的，也可以是抽象的呈現如精神、心理狀態及意識層面等等。以上任何一個呈現都可以成為意識的對象，而這些意識的對象就稱之為「法」。若果我們能夠接觸到「法」的無常、無我，以及空性，我們也即照見佛陀的教導(法，Dharma)。

透過觀察一切現象(法)的生滅，漸漸培養出觀察世間萬物的定律，看到不同意識形態的呈現，它們只是透過不同的原因、條件及環境因素所帶來不同的果。有時多個原因造成一個特定的結果，有時一個原因製造了多個結果，有時卻是多個原因構成多個結果。有時因為某個原因，所以有某個結果，有時因為某個未發生的潛在後果而變成一個因(譬如因為將來想成為B，所以做A)。因與果環環相扣，沒有哪一個先，沒有哪一個後。同時，因為一個呈現需要其他條件原因的配合，並沒有一個現象可以獨立存在、可以跟其他「非現象」分割開來，這也就是無我的真諦。

修法觀念處慢慢讓我體驗到《金剛經》所說的「一切唯心做」：究竟一件事是祝福抑或是詛咒，那都是心的投射。如果心是穩定的，就算遇到困難，我們並不一定會感到痛苦。相反，心有執著，就算過著安枕無憂的日子，人還是可以感到痛苦。

我覺得《念住經》幫助我有技巧地去培養一顆平常心、一個純粹看的能力，而法觀念處的練習則需要我們提高觀察的能力以接觸到非常細微的意識運作，以及不同身心呈現的特質與模式。

第四念處：專注觀察心的對象——法觀念處

五蓋

然諸比丘！比丘如何於法觀法而住耶？諸比丘！於此，比丘於法即五蓋，觀法而住。又諸比丘！比丘如何於法即五蓋，觀法而住耶？

諸比丘！於此，比丘於內貪欲存在時，了知：「於內貪欲存在。」於內貪欲不存在時，了知：「於內貪欲不存在。」彼知未生之貪欲生起，知已生之貪欲滅盡，又知已滅盡之貪欲，於未來不再生起。

比丘於內瞋恚存在時，了知：「於內瞋恚存在。」於內瞋恚不存在時，了知：「於內瞋恚不存在。」彼知未生之瞋恚生起，知已生之瞋恚滅盡，又知已滅盡之瞋恚，於未來不再生起。

比丘於內昏沈睡眠存在時，了知：「於內昏沈睡眠存在。」於內昏沈睡眠不存在時，了知：「於內昏沈睡眠不存在。」彼知未生之昏沈睡眠生起，知已生之昏沈睡眠滅盡，又知已滅盡之昏沈睡眠，於未來不再生起。

比丘於內掉悔存在時，了知：「於內掉悔存在。」於內掉悔不存在時，了知：「於內掉悔不存在。」彼知未生之掉悔生起，知已生之掉悔滅盡，又知已滅盡之掉悔，於未來不再生起。

比丘於內疑惑存在時，了知：「於內疑惑存在。」於內疑惑不存在時，了知：「於內疑惑不存在。」彼知未生之疑惑生起，知已生之疑惑滅盡，又知已滅盡之疑惑，於未來不再生起。

解說：

學習觀察五蓋，就是開始觀察心境的質素（Quality）的訓練。可以將五蓋想成為五個阻擋我們回到當下，接觸事實真相的障礙，讓心無法得到清淨；就像五個蓋子，蓋著辨別是非黑白的能力，使我們不斷在執著與排斥中盤旋。當被蓋子遮著時，我們無法接觸到自己及他人的美善，就像一條在風浪中漂浮的船，失去了重心，被風雨吞噬，找不到內心的穩定，無法接觸到表面上千變萬化的體驗背後的因緣及空性宇宙法則。當心被五蓋遮著時，因為對於無常的恐懼，我們可能變得更加執著，要排斥的變得更加抗拒。視乎個人本身的覺知力、習氣、性格，以及過去經歷，有時因為習氣問題會被某個阻礙比較多，有時卻會在不同狀況被不同的蓋影響著。

清楚意識被遮著

對於處理五蓋其中一個最大的困難就是：能否覺知到自己被五蓋遮著。五蓋就像一個盲點，顧名思義就是不容易察看到！若果我們能夠於五蓋出現的時候成功認出它的存在，並且純粹觀察，這將幫助我們淨化心靈。因為純粹看到五蓋可以使無意識的變成有意識的選擇，讓五蓋停止滋長。

因為自己都有過十幾年抑鬱的體驗，對於抑鬱的日常我甚是了解：就算某個瞬間沒有抑鬱，總是會戰戰兢兢，擔心抑鬱會不久就回來；若果有抑鬱又會擔憂，怕它不離開。總之無論當刻有沒有抑鬱，自己會「惦念」著這股能量。感恩這段經文的提點，當自己沒有被蓋著時，知道沒有被蓋著，單憑這樣的覺察已經是大進步！

在此先解釋一下五蓋是什麼：

五蓋：貪欲、瞋恚、昏沉、掉悔、疑惑

貪欲：對於滿足感官的慾望與渴求，對某些東西有種黏連的態度，輕則在意、重則攬著不放。譬如自己很喜歡裝扮，覺得不裝扮不可以步出家門，這就是對裝扮的一種黏連的心態。又譬如你很想升職，因為很在乎，所以常常惦念著此事，那就變成對於升職有種黏連的心態。當貪欲出現時，我們總希望可以保持某個狀態不變，從而努力去保持該呈現狀態，而容易勉強自己、勉強他人。除了一般感官慾望之外，這亦包括對性的慾望。這種慾望通常越放縱地滿足它，越容易上癮，而不滿足的感覺也同時被強化。

瞋恚：這是貪欲的另一極端，對於事情的一種厭惡、討厭、排斥的狀態。譬如對於「沒禮貌」的人覺得討厭、排斥。又譬如對於自己內瞋恚感到厭惡。當瞋恚出現時，我們總希望盡快將這個狀態趕走，或者將之擱置一邊，當沒事發生，或者把它壓抑下去，同時人也容易變得不安或衝動。

昏沉：這是心思散漫、容易昏睡的狀態。譬如有些人打坐時很容易發呆、放空，或者睡著。這可能是因為不滿足、無聊和懶惰所造成。就算他們在日常生活裡，也常常會感到精神恍惚、心不在焉。

掉悔：掉悔是昏沉的另一端，若果昏沉是放空、力不從心的狀態，掉悔則是一種放不下的狀態。而「掉」跟「悔」是兩種不同的心理狀態：「掉」意指心浮氣躁，而「悔」是關於擔憂，心被某事困擾，很難定下來的意思。掉悔跟散亂不同的地方，是掉悔的心專注某一個主題的念頭裡（心有一個對象，譬如擔心被解僱而產生關於解僱的不同假設），而散亂卻是心思不定，像一隻猴子，從一個念頭到另外一個念頭（心有不同對象，譬如這一刻想著午餐，下一刻想著電影）。有時掉悔來自過度認真努力而造成，所以需要適度放輕鬆去練習，放下對練習結果的執著。

疑惑：疑惑就是信心不足、信念不足導致，可以是對佛陀教導（真理）的不信任、可以對《念住經》系統的懷疑、對坐禪的猜疑、擔心自己會否走火入魔、懷疑自己做得對不對、老師有沒有能力、自己有沒有理解錯誤等等。其中也包括能否懂得分辨

「善巧的方法」與「不善巧的方法」，有時因為懷疑，將善與不善顛倒黑白。疑惑是五蓋之中最難處理的一個障礙，因為當你有懷疑的時候，你並沒有一個開放的心去嘗試、探索，心會關上，使你有一個「合理」的理由停在原地踏步。

開始禪修後，未接觸有關五蓋的知識前，當遇到以上阻礙會萌生自我否定的想法，覺得自己練習得不夠好、練來練去都沒有正念……自我懷疑越多，五個蓋就變得越大。回想起來，這種自我否定助長了內在疑惑，而疑惑又會助長其他四個障礙！

感恩有緣接觸到這段經文，讓我明白到這些心境狀態並不等於個人的好與壞，而是每個修行人都必然遇到的關口！這篇經文有如一個地圖，告訴我們要征服禪修的「山峰」必須經過不同的「大本營」；每個山脈都有著它獨特的挑戰，我們只需有準備而來，一步一步走，慢慢會登上每一座山峰的。五蓋是人類共同的障礙，與其花時間去在意它們的存在，倒不如好好學習如何面對它們！

如果沒有如實覺察到五蓋的存在，我們很容易會掉入這些陷阱。正念（純粹的看到）及正知（清楚的知道）能夠幫助我們順利平安的過渡。

了解阻礙意識的成因

透過持續的細心觀察，你慢慢可以留意每個蓋的形成需要配合某些特定成因及條件，同時亦需要某些特定條件才能離去。若練習者能清楚每個蓋的特性及運作模式，他就可以善巧地改變某些內外的「環境因素」，從而將五蓋保持在一個潛藏的狀態。任何一個現象並不可能「永遠消失」，就算所謂消失只是因為它所需要呈現的因緣條件不俱足而已；若果條件配合，那個已消失的可以再「復活」。五蓋亦如是，我們並不能讓它永遠殲滅，我們只需要確保餵養它的養分不存在，五蓋就無法衍生了。

知己知彼，百戰百勝。若你想與五蓋更和諧共處，就需要透過練習、透過觀察來認清它們的運作模式。無著比丘（Bhikkhu Anālayo）在《念住——通往證悟的直接之道》著作中分享對應五蓋的方法；除此之外，我亦加入一些個人的方法：

五蓋	對應方法
貪欲	不淨觀、保護感官（避免感官接觸過多刺激）、適量進食、觀察物質的無常、多接觸善朋友及保持合適的對話內容
瞋恚	慈悲觀（將心比心的練習）、深思行為所帶來的潛在結果、深觀事情背後的因緣、學習欣賞他人的好處、多接觸善朋友及保持合適的對話內容
昏沉	適量睡眠、減少食量、培養清晰的心（正念+正知）觀察昏沉本身，需要的話，轉變覺知培養的方法，如行禪、運動、戶外活動，以及多接觸善朋友及保持合適的對話內容。
掉悔	對經典有完整的理解、放鬆態度、避免爭議的話題、持戒、做好自己本分、避免因做錯而懊悔繼而變成擔憂、請教有經驗的老師、多接觸善朋友及保持合適的對話內容
疑惑	對經典有完整的理解、持戒、堅定的承諾、培養毅力、多接觸善朋友及保持合適的對話內容

自問是一個毅力非常的人，要用方法弄走它們嘛，我可以做的很徹底，但卻會讓自己陷入更深執著的反效果。現在會多純粹的觀察及與這五蓋共處，不嘗試「弄走」它們，反而觀察讓五蓋形成或消散的條件與原因。當容許自己努力過後但沒有達標，容許自己有五蓋的存在，有趣的，五蓋就慢慢淡化。

當五蓋（或其中一個）出現時，如上面經文所說，我會建議大家練習純粹知道貪欲蓋（或其他蓋）來了，雖然未必能完全接受並容許它存在，至少清楚知道與這個狀態的關係：有沒有或多或少的排斥感？（就算有都是正常不過！修煉就是希望超越負面感受嘛！）能否容許這個貪欲存在？沒有想對「貪欲」怎樣？只是純粹的知道它的存在、純粹的知道自己對待它的態度，就可以了。

這個與五蓋「和諧」共處的方法有點類似香港人習慣在繁忙的街道上都能自然隨心一樣：香港地少車多人多，因為塞車，大家又趕時間，所以很多時候車都會停在斑馬線上。綠燈時，過路的行人很自然就會繞過踩著斑馬線的車，就像這些「路障」完全不存在的，好不費心神就過了馬路。以前在加拿大生活時，因為每個駕駛者都非常遵守交通規則，所以很少會有車輛停在斑馬線之上。但若果真的停在斑馬線上，過路的行人會罵司機，甚至用力敲打車身，狀況非常嚇人。

在加港兩地都開車有十年以上的我，非常欣賞香港人對道路阻塞的接納。這讓我聯想到這些塞著行人路的車就像我們的五蓋，阻礙我們的靈性道路。不過，若果我們能夠清楚知道並且接納此刻的路障，就會「連想也不用想」就繞過路障。當然，有一日當行人與駕駛者都帶著覺知而作，就再不會因為貪一時之快而塞在斑馬線上，而人車的路也會暢順了。

同一道理，若果自己很介意被五蓋阻礙，這反而會產生更多的情緒阻力；但若果你能夠練習「繞過它走」，同時清楚障礙的產生原因與條件，慢慢就可以透過上面的建議來「避重就輕」了！

貪欲

我覺得自己的貪欲不少的：喜歡漂亮的東西、舒服的材質、方便的生活等等。以前的我覺得人有我都要有，不然的話，就顯得自己好像不夠好似的。慢慢透過修行，越來越感到外在的包裝其實跟我內在的價值沒有太大關係，感恩有了這個洞見，自己少了花時間去跟上什麼潮流，不再將焦點放在究竟他人能否欣賞我、確認我的好。

但是，我留意到，我還是喜歡買東西。如果可以選擇，我會選擇用好的材質（這樣可以比較耐用）；可以的話，仍然會選擇透過用錢來便利自己。不時我也會問自己是否很貪？但我發現：若果沒車開，沒關係啊，我便坐車。若果沒好東西吃，沒關係啊，就隨便吃；沒好衣服穿，沒關係啊，就隨便穿。

我覺得貪欲並不能透過外在擁有多少來定義，而是內在對於「有沒有」的「介意度」來定義。

當然，有時我也留意到因為不斷在網上購物平台瀏覽得久，心就一直會惦念著不同的東西，心就無法平安舒服的享受當下了。所以，凡事適可而止真的是明智的選擇啊！

留意到貪欲在支配自己時，清楚知道那一刻有貪欲，清楚地留意貪欲如何牽著自己走。

有時貪欲來的時候勉強壓抑，我覺得並不能有效地、持久地擺脫它。反而留意到貪欲的果：譬如本來覺得一定要買這個、一定要那個才行，留意著，留意一下整個追求過程為自己帶來什麼的情緒、失去了多少的內在平安、內在寧靜，得到之後究竟那個「舒服、自在」能維持多久？隔多久貪欲再來，再來的引力又有多強。

不用介意一時三刻不能制止貪欲，反而持久的覺知能夠幫助我們看到貪欲所帶來短暫的舒服，以及之後帶來更大的貪欲，一次又一次清楚這個模式的話，當了解追求中的無常，慢慢就不會那麼在意究竟有抑或沒有。

瞋恚

大部分時候，瞋恚的出現來自於對事實的不接納：覺得事情「不應該」這樣、「我不想要」，以及各種程度的排斥感。當瞋恚出現在心中時，我們會覺得因為面前的人、事、物而製造了這種討厭的體驗。但事實上，我們所排斥的多數是這個討厭的感覺，多於面前的人、事、物。

瞋恚遮著我們的眼睛，讓我們只看到煩厭的一個部分，接觸不到完整的事實。最近兩歲八個月大的兒子常常會不講道理的發脾氣（這個年紀的其中一個特點！），時常在不適合的情況下要求一些無法達到的要求，譬如臨睡前說要到公園玩、明明家裡鳳梨已吃完就一定要吃、不要刷牙、不要早餐只要零食……有時他在抱怨哭的時候，爸爸就變成箭靶，好端端坐在他身旁會被發脾氣的兒子打。

有次一早起來兩父子就在發生這個輪迴……先生很生氣，但要忍著氣（不想打小孩）去為兒子準備早餐。之後我走過去，先生抱怨著說：「我最討厭就是沒做錯就被打！小時候沒做錯被媽媽打，現在又來！」我回應著說：「哦，似乎你不只是氣兒子，同時也氣你媽媽。」

很多時因為自己的憤怒，我們只看到某一個角度。在這個例子中，先生就看到了自己是無辜受害者的角度。那一瞬間，雖然被小孩打，可是心裡卻被那記憶中的媽媽多打了幾下，這樣我們很難不受苦。

當瞋恚出現時，練習去感受這股能量，練習看到感受為感受。嘗試不打壓任何想法及腦海的畫面，只需要覺知到當下怒火存在。可以的話，找個安靜的地方坐坐，或者去散步，將注意力放在身體的姿勢及呼吸上，容許自己的怒火慢慢平靜下來。

當憤怒淡化後，覺察一下什麼讓你感到憤怒？

- 不想失去控制？
- 覺得對方沒有做好應該做的事？
- 感到不公平？

● 沒被重視？

很多時憤怒的背後出發點是好的，只是因為結果並沒有如我們所想般發生。練習確認自己的出發點，若果已盡力，欣賞自己的努力；若未盡全力，答應自己下次多留意。如果感到不公平，沒被重視，透過此事讓自己知道公平及被重視的重要性，練習尊重及公平的對待自己，不只是默默等待對方尊重你。

我們是不能一直用著同一個方法，去解決一件以那個方法解決不到的事情。只有當怒火平息後，才有心靈空間看到更多不同角度及可能性。不然的話，我們只會在一個角度及用著同一個方法鑽牛角尖。要常問自己：「我能否保持一個開放的態度去探索不同的方法、不同的可能性呢？」

包容的確可以幫助我們化解憤怒，但包容跟容忍是不一樣的。容忍有著一份壓抑在其中，當中看不到對方的出發點與其矛盾之處。包容並不會消耗我們，可是，容忍卻有一個限度的。包容當中有明白，明白對方、自己的苦處，同時認定雙方的好意，而練習接納彼此。但大家也要清楚包容不等於沒有底線，要守護健康底線又不等於一定要動怒。

學習深觀自己的憤怒，慢慢你對自己、對他人的包容力亦會相對增加。

昏沉

對都市人來說，其中一個導致昏沉狀態就是身體沒有足夠的睡眠，而另一個原因卻跟飲食運動習慣有關。

加工過的食物（食物原本的樣子被改變）中含有很多身體不能消化的化學物質，因此身體需要耗很多能量去處理這些「垃圾」。除此之外，相對於溫熱食物，身體需要消耗更多能量去將冷凍食物（譬如沙拉、冷飲）加熱（達至體溫）來進行消化。若身體長期在低溫狀態（冷氣地方或者穿的少），身體就需要製造不少熱能來保持臟器的運作，所以若果身體一直需要用大量能量去消化不健康的食物、冷凍食品，試問如何有多餘力量去做其他事情呢？

同時，若果濕氣重，人亦會很容易疲累，這時透過適量的有氧運動去排汗，亦可以幫助身體提高能量（當然要配合飲食）。如果你想頭腦清晰，在飲食及運動方面能有所調整，肯定事半功倍！

不上心

有試過讀書時，無論多盡力都難以集中，總是漫不經心，做事怠慢？人大了，對於自己有興趣的科目，卻變得幹勁十足？禪修亦是如此。有時若對了解自己、培養專注看成為一件差事，可能會因此而失去動力，變得怠慢。此時，可以多觀察怠慢、懶散為自己帶來的潛在後果，或者可以變成一種動力。或者，減低對自己的要求，不求做到完美，否則就容易將目標變得遙不可及，而導致「無論怎樣做都沒有進步」的放棄態度。

出神的狀態

我亦遇過不少學生明明睡得夠、精神充足，就是不知怎的，一坐禪就睡著。其實很多時是潛意識想透過「出神」來避免面對自己不想面對的事情。很有趣的，譬如有些同學明明觀呼吸時很清醒，當引導去追溯到某些過去的體驗時，她就立即睡著，但當過了一陣子，她又會醒來繼續，如是者，就是想去某一個情景，反思某一件事時，這同學就會「睡著」了。

有次跟鄰居吃飯，太太講起先生可以在任何地方睡著，試過好幾次在計程車內睡著，司機用了不同方法嘗試弄醒他都不行，以為他暈倒了，到最後救護車來的時候，他才醒來。我們都覺得很詫異，這不是普通的疲勞，但在身體檢查的報告中，又找不出什麼問題。我問他這狀況何時開始，他說小時候已是如此。之後我問那時有沒有發生過什麼不想面對而要被迫面對的事情。他搖頭說沒有，我邀請他留意一下，有沒有類似狀況發生過。

再過一次吃飯時，鄰居說他想起以前很討厭練琴，但每天就被媽媽迫，之後他會睡著，就不用被迫練琴！

若果我們能夠像這位朋友一樣追溯到以前的一些「面對手法」，那就可以告訴自己已經沒有再被迫了，現在能夠選擇自己的生活方式，不需要再逃避了。慢慢地，我們可以打破這個昏沉的習氣。

面對昏沉本身

就算沒有上述的問題，有時都難免會在坐禪出現昏沉狀況，這也是正常啊！此時，可以以昏沉作為觀察的對象。當然，觀察昏沉有點像飛蛾撲火一樣，很容易整個人掉進去之後就迷失自己。

首先，清楚地告訴自己將昏沉設定為觀察對象，打醒精神（知道你有個強勢對手在面前）。吸氣時，看著昏沉；呼氣時，清楚知道觀察昏沉。不斷練習，慢慢你可以在昏沉的黑洞旁繞圈，清楚的看到昏沉！這時你就成功超越了昏沉了。

如果這個做法都不行，可以選擇改變禪修對象，譬如我自己觀息會比較容易昏沉，當我觀身體反而比較容易專注。若果你有恆常練習，對自己的練習較為熟悉，你就可以選擇換過一個禪定對象來幫助你超越昏沉。

掉悔

掉悔就是一直想著一件事放不開（不應該怎樣怎樣、應該怎樣怎樣、早知怎怎怎、為什麼怎怎怎等），正所謂鑽牛角尖了。這多來自於過去自己不善巧的事情，或者一直想著某個問題，形成了一種「不放過自己」的心理狀態。

對我來說，掉悔絕對不容易覺察，因為自己自小都在掉悔中沉溺！掉悔出現多數因為我們太在意——太在意坐禪練習做得好不好、太在意生活上的每一個細節、太在意事情應該是怎樣、太在意自己做得好不好等等。對自己要求高，凡事希望完美的人容易遇到掉悔的困難。懂得反思固然好，過分的反思卻會很磨人的。

坐禪的時候，若發現掉悔的出現，可以先回到身體，感受雙腳、雙腿、盤骨等等：自然吸氣時，留意整個身體坐著的感覺；呼氣時，容許整個身體安頓下來。不嘗試「坐得好」，只練習與身體同在，完全的感受自己坐著即可。若果心開始穩定下來，才慢慢回到念處練習。不行的話，就算整個期間只感受身體也未嘗不是一件壞事。

除了坐禪觀身體之外，最能幫助減少掉悔就是學習原諒自己，覺知到每刻的努力。當然，大家都是人，有時也會因為精神狀態不理想，或者遇到不如意事，導致能耐不多，此時容易做錯事、說錯話。通常遇到這些狀況大家都是後知後覺的，下意識不斷反思：「我下次要這樣那樣」、「為什麼我會這樣做？」要發生的已發生了，當我發現自己開始鑽牛角尖時，我回到呼吸，問自己：「那現在想培養什麼？繼續責怪自己就在培養自責，還是想練習原諒自己？」

考察不善事情背後的因緣條件有助我原諒自己。有次因為家裡發生大變動，有很多事情要處理，變數太多，我察覺到自己每天都在擔心，加上睡眠質素不好，同時要教授兩星期的師資課程，兒子的情緒又不穩定，導致在教學時說了不善巧的話語。事後當然有責怪自己的正念不足，不過看到自己因為經歷很多的變化而導致不善語產生，錯並不是因為我有意，錯是因為自己那段時間肩膀實在背著太多負擔了，慢慢我開始原諒自己。

原諒自己並沒有特別技巧，只是需要看到每件事背後的因緣，同時容許自己繼續往前走（Move On），將專注從自責中抽離，全然地將覺知放在面前的事情上。刷牙時就專注於刷牙，不是一邊想如何可以做好其他事。

一切都是熟能生巧，包括放過自己的練習。在此告訴你一個秘密：無論你多努力嘗試放過自己，但還是做不到的話，那就放過自己不能放過自己吧！之後，再專注於當下手頭上的工作。當你停止要求自己這樣那樣時，你就是放過自己了。

遠離媒體資訊也可以幫助你減少陷入掉悔之中，減少自己與他人的比較，也可以減少很多不必要的念頭。每人都各有長短，用自己的短跟他人的長去比，永遠都只會比下去，這樣只會為我們帶來更多的自我否定。如果你發現自己容易被媒體資訊影響，你可以選擇遠離它們來守護自己！

雖然我們不能控制他人對自己的想法，也無法改變外在的狀況，甚至有時不能控制自己的感受，可是我們卻可以守護自己的身口意（身體所做的行為、口所講的話語，以及心中的念頭）。一行禪師說過，在世上沒有任何東西屬於自己，除了自己的身口意；沒有一個人能夠逃避身口意帶來的後果，所以身口意正是我們立足的根石。（有關守好身口意，可參考第十六話後面的「五項正念修習」。）若果我們能帶著持續的覺知活著，那人生就應該沒什麼能夠讓自己後悔的空間了。因為每個選擇都是每刻身心範圍內最好的選擇。就算遇到困難，那困難都已經是眾多可能性之中最「輕量級」的困難了。

另外一個有效對治掉悔的，就是找有智慧的良師益友傾訴，可以透過這樣去抒發一下壓抑在內的感受，化解自己的心結。最後，覺知到一切都是最好的安排，只要盡能力守護自己的身口意，其他的，就順著生命的河流去吧。

如果對練習有保留、有懷疑，說真的，其實很難走得遠。明明有無數好方法擺在眼前，只需透過身體力行持續的練習就可以讓自己減少痛苦，但因為對自己和他人的不信任而將所有能幫助自己的機緣拒之於門外。疑惑蓋可以將慧眼蒙蔽著，明明黑都可以看成白。

我認識一位學生，他的疑心很重。儘管他努力地聽教導，但往往遇到一點障礙就會將之前所做到的一切推翻，開始懷疑自己的能力。就算體驗到進步都會因擔心將來問題會否繼續發生而將他的情緒拖垮。我相信每個人在生命的不同時間點都會遇過疑惑蓋的出現，此時記得要找好老師、同修及好友陪伴。不需要期望自己做到一個「開心小寶寶」，但求能夠每天走一小步，每刻在自己的能力範圍內盡力就可以了。

尊重自己的進度，不需要與人比較（真的不容易！），只需要確認自己的進步就可以了。記得，在修行路上，能走得一步，就是一步，絕對沒有任何努力是白費的！

重誦

如是，或於內法，觀法而住；於外法，觀法而住；又於內外法，觀法而住。或於法，觀生法而住；於法，觀滅法而住；又於法，觀生滅法而住。於是覺知：「唯有法」，如是唯有正智，唯有正念。彼無所依而住，不再執著世間任何事物。

諸比丘！比丘如是於法即五蓋，觀法而住。

解說：

上文說過，「法」包含很多意思，可以是一切的現象顯現，包括看到的、看不到的；聽到的、聽不到的；摸到的、摸不到的。而重誦內「法」的意思就是五蓋。練習投入於五蓋裡做觀察；觀察它的本質，包括其生與滅，以及當中無常無我的運作模式。

當發現被五蓋遮掩著時，難免會感到沮喪，因為擔心這會變成一個恆常的狀態。但事實是：有時它在、有時它不在。學習認出它的出現，純粹知道它已出現；消失時，純粹知道它已經消失。透過一次又一次的觀察，慢慢留意到什麼條件讓五蓋顯現，什麼條件讓五蓋離開。當不再在意五蓋存在與否（這絕對需要很多的禪修經驗），我們就有個心靈空間去清晰地觀察到它的生與滅背後所倚靠的條件。越清楚五蓋的「脾性」，你就越能有效地製造一個不能讓五蓋共生的內在環境了。

如果你發現家裡有蟑螂，就算打死一隻還會有其他來，你必須透過觀察去清楚牠們的行蹤、清楚知道哪裡有食物，以及會躲在哪裡等等。蟑螂們若失去了適合棲身之所，自然就會離開。當然，打掃這回事並不是一勞永逸的功夫，你必須要保持恆常的清潔，這樣蟑螂才不會回來。同理，練習是為了能保持一個恆常、開放及正念的心，對治五蓋也是如此。

法觀念處「覺知五蓋」的應用

坐禪

因為五蓋與我們很「貼身」，若果對它們的了解不足，難以在日常生活中覺察到五蓋對我們的影響。所以建議先從坐禪開始去認識它們。從身觀念處的「覺知呼吸」開始，安頓好身心後，保持覺知在每一個呼吸之中，並且努力將覺知保持在呼吸之上。其實當發現覺知不完整時，其實五蓋已經來臨了。

此時，觀察哪一個蓋來了？

- 若果心不時記掛著某些想要的東西（可能是食物、小玩意、物品，甚至某一個人或者情慾等等），知道貪欲蓋來了。

- 若果心感到煩厭憤恨，知道瞋恚蓋來了。
- 若果覺知開始模糊，想放棄，甚至開始打瞌睡，知道昏沉蓋來了。
- 若果心不斷回想、反思或擔心一件事，知道掉悔蓋來了。
- 若果不斷懷疑自己、懷疑他人、懷疑練習，知道疑惑蓋來了。

無論發現被一個蓋遮著，或者同時間被幾個蓋遮著也好，純粹覺察到就是了。覺察到的時候，放下對細節的執著，先往後退一步，感受一下那個蓋是一種什麼的感受（一種什麼的體驗）。譬如留意到貪欲那種執著不放的感覺、瞋恚那種厭惡的排斥感、昏沉那種混沌的感覺、掉悔那種心煩的感覺，以及懷疑那種不安定不實在的感覺（可能你體驗到的會稍微不一樣），純粹將這些心境狀態看成為一種能量，知道當下有一股能量影響著自己（就像知道此刻濕氣重，將濕氣看成為一個狀況、一種體驗），不去跟這股能量作對，覺知到它的存在，但一心回到當下的呼吸之上。吸氣時，感到五蓋的能量；呼氣時，容許身心放鬆並且感受放鬆的感覺（若果對峙昏沉，則吸氣時確保坐姿挺直，呼氣時打好精神面對昏沉）。

只需要清楚當刻身心是什麼狀態就可以了。覺知幫助我們清楚自己將能量放在哪裡：在眷戀上？在排斥上？鑽牛角尖上？混沌上？懷疑上？能清楚看到自己被消耗多少能量，久了，就會感到疲憊，疲憊，就會自然懂得放下。不需要想著找一個「放下的方法」；放下是一種接納的態度，接納「事情就是如此」。確認這刻已經盡力，不再過分檢討，大踏步往前繼續走，這就是放下了。

每一刻盡自己身心能力範圍內用功（請參照第五話的「四正勤」），不過也放下對結果的執著。美國藏傳佛教金剛乘阿尼 Pema Chodron 提醒我們：「這應該需要一輩子的努力。」記得無論禪修練習的「成績」如何，有時表面未必做得太好，但當中我們就是要默默地訓練對自己的耐性、關懷與包容。

能超越五蓋嘛，恭喜你。做不到嘛，那也是正常的，因為它的威力的確不容忽視。禪修這條路有時往前三步會後退一兩步。一天身而為人，每天就會遇到不同的際遇，有不同的際遇心境也必然會有些起伏，這是很正常的。學習有覺知的活在每一刻（就算那一刻被五蓋遮著），完全的投入，就可以了。

繼續將覺知保持在呼吸與身體的體驗之上，若五蓋離開了，只需要知道它走了。如果它沒有離開，也不需要急著找方法處理。因為時間、歷練會幫助你，只需要用心回到每一個當下，不介意自己能否做到時，你就會超越它們。

其他生活上的應用

當在坐禪上對認出五蓋有了一定把握，我相信你很自然就會在生活的不同領域中發現它們的蹤跡。

頭幾年練習觀五蓋，當它出現時，我一直盯著它，覺得這就是對五蓋的觀察，我以為只要盯著它，它就會離開。慢慢才發現原來這個「盯著」的態度內含很多的排斥（哈哈，瞋恚蓋來了我還懵然不知！），怪不得越盯著它，它越持續得久。現在回想，那時因為我很在意，很想有「正念」，但這反而讓我陷入更多的情緒之中。

每次的小成功提醒我，其實我只需要覺知到它在，不去抗爭、不去對抗。就像身為父母，當孩子發脾氣時，無論有多無理，自己都不會扔掉他。可能此刻無法讓小孩平息怒火，至少可以確認他憤怒的原因，但最終無論他哭著還是笑著，還是要拖著他的小手，繼續往前走。同一道理，當五蓋來了，確認這個感受出現的原因（有時並不能準確地找到原因），拖著它的手，一心一意專注於手頭上的事情。若果當天選擇去爬山，就一心一意感受自己的呼吸、腳步、流汗的感覺（這是第一念處啊！）。若果當刻與小孩共處，就一心一意投入跟他玩的過程。在越能夠全心全意投入於手頭上的活動時，五蓋的威力就慢慢被削弱。

但就算它還在，就繼續拖著它的手，繼續你的活動吧。吃飯時，好好留意食物的味道、質感。走路時，好好留意每一個腳步、身體移動的感覺。做瑜伽時，好好感受身體姿勢的改變，留意呼吸，感受汗水的感覺。日常小練習亦如是，好好留意當下所做的那件事。慢慢，其實每天的每一刻都是修煉！

慢慢地，我們學習到與內在的不同面向共處，就算它們出現，生活亦不會被五蓋影響太多！

第十四話

意識的運作模式

在第三話中介紹了意識的運作模式，建議大家先回到那裡重溫一下。這章希望為大家介紹如何觀察自己對事物標籤化、概念化，或者假設的習慣。在長大的過程中，我們會因為要適應、要被接納、要生存而確立了一些個人、家庭及社會觀念（Belief）、一些道德標準，以及某些座右銘等等。這些標準都幫助我們在家庭、社會確立比較融洽的機制，讓我們能更善巧地與他人互動，為整個社會製造和諧及生產力。

觀念像一個保護我們的圍欄，使我們不會掉入某些不必要的錯誤中。不過，若果把某些觀念握得太緊，變成「絕對」的話，那原本保護我們的圍欄就變成了限制，讓我們失去了對生命的彈性與柔韌度。

這時候，我們就需要反思，看到什麼原因導致自己接觸不了現實，並學習放下。放下不代表我們要刪除這些標準，只是將強度調整一下，讓我們能夠繼續往最高的真善美這大方向進發。就算「一日一蘋果，醫生遠離我」，那並不等於只吃蘋果就可以健康啊！再健康的東西，如果用量太多也會造成傷害；同樣地，任何觀點亦如是。

大部分困難都來自對自我的執著。即是覺得「自己」有一個既定的模式，一定「是」怎樣怎樣。譬如我是漂亮（或醜惡）、開心（不開心）、聰明（笨拙）、有能力（沒能力）、有人愛（沒人愛）等等。這些標籤往往會使我們困在一個框架裡面，活在某個既定模式中。要麼就是不斷勉強用同一個模式／方法對峙生命中林林總總的問題（總是挫折感為多），要麼就覺得好像欠缺改變的能力與彈性。

學習觀察「五取蘊」，我們可以認出執著的點，從而開始慢慢放輕鬆，當雙手沒有抓得那麼緊時，我們才有空間去擁有及享受更多的豐盛。

五取蘊

復次，諸比丘！比丘於法即五取蘊，觀法而住。然諸比丘！比丘如何於法即五取蘊，觀法而住耶？諸比丘！於此，比丘了知：「如是色，如是色之生起，如是色之滅盡；如是受，如是受之生起，如是受之滅盡；如是想，如是想之生起，如是想之滅盡；如是行，如是行之生起，如是行之滅盡；如是識，如是識之生起，如是識之滅盡。」

解說：

第二個觀察宇宙運作（法）的方式就是建立對五取蘊的見解。簡單來說，觀察五取蘊就是觀察對身心的運作模式的執著（或標籤化）。大多時我們將自身的體驗（無論是感受、想法、情緒、行為及動機）標籤成「這就是我」或者「我就是這樣」。

所謂「取」的意思就是將不同蘊的呈現執取著，覺得那就是自己。

十年前的我若聽到以上的一席話，會問：「這當然是自己！什麼標籤不標籤？執著不執著？」

現在我稍微明白，當我們覺得自己「一定」是什麼，這假設就設定了自己行為模式（或感受、情緒、想法、動機、意識模式等等）的框架，之後我們就只會循著這框架去生活。就像馬戲團要訓練大象，從牠小的時候將腳綁在樹旁，過了一段日子就算繩子已解開，大象仍然不會離開大樹旁，因為牠以為自己還是被綁著。同樣地，我們的潛意識框架像繩子般限制著自己，而行為、想法、情感亦變得形式化，而我們會將這個行為模式稱之為「我」。變成自己被想法、感受、情緒、行為支配著；我根本沒有控制權，我一直就是這樣（過去），所以未來都會是如此！（所以你看到很多人一輩子重複著同一個課題。）

這個「我」的假設是錯誤的

當我們相信自己就是那些標籤：「我是自卑」、「我是健康」、「我是痛苦」、「我是成功」、「我做得到」、「我是失敗」，無論體驗是好是壞，我們都不會感到自在愉悅。如果我是自卑、自卑是我的話，那就代表我永遠都沒有機會離開自卑感，這有如將自己判了死刑一樣，那，人當然不會再有任何希望、任何改變的推動力。

如果我是成功、成功是我的話，對比自卑感來說愉悅得多，但卻會換來無比的壓力：「若果我不能保持成功的狀態怎辦？我不能失敗的！」你看，這就像一直用皮鞭去鞭策自己一樣，不容許自己有任何喘息空間，那自己就變成了成功的奴隸。若果一輩子都要維持成功的狀況（沒任何失敗空間），試問這個方法能為你帶來幸福嗎？試問這能引領你到一個自在的人生嗎？

很多時我們都在與自己作對。一直努力去改變這個「被定型」的「自己」，很介意自己是這樣、希望自己是那樣，其實內裡就已經假設了我的價值、我的人格與某些身心狀態畫了等號。除此之外，亦假設「我」一直會維持同一個狀態。

要脫離這些無形框架，佛陀建議好好觀察並了解五蘊的運作，當中有兩個階段：

一、辨識每個蘊的性質（釐清什麼體驗屬於哪一個蘊的範疇）

二、認識每個蘊的運作模式（如何出現、如何離開，以及五蘊的無常及無我的本質。）

之前說過人生中必定有困難，不過視乎對它的詮釋如何，痛在所難免，但苦卻不是必然。透過培養純然的覺知，我們可以一個開放、不執著、不排斥的心去覺察「身心本然的運作過程」[1]，從而得知原來所謂的身心反應都只是來自不同的因緣和合而生，這些無常的顯現並不能跟個人價值畫上等號。

觀察物質身體（色蘊）的出沒

當我們覺得這個物質體驗是好、是壞、是應該、不應該，就知道自己已經對色蘊執取了。當自己對某些物質再沒有覺得應該不應該，就知道自己放下對色蘊的執著了。

譬如有次一個家人跟我說了一些很傷害性的話語，我一直耿耿於懷（排斥與介意），覺得他很錯，一直不能接受他真的這樣說出口，那一刻，我就知道自己執著於那一句話裡面。看到自己執著，當然會很努力想放下，但只需要如是看到執著了，就可。若果某一刻對於這句話沒有太介意了，知道執取之心離開了。

觀察身體感受（受蘊）的出沒

如是，當發現自己對於某些愉悅的感受有或多或少的想保持著（貪著），知道執取了。若果對某些不愉悅感受或中立感受有排斥的態度，知道執取了。若果有一個開放的心，沒有特別想要保持或延長愉悅感覺，知道執取的心不在。同樣，若果知道對於苦受或不苦不樂受沒有排斥、對抗，就知道沒執取了。

觀察想法或記憶（想蘊）的出沒

若果對某一個想法執持不放（特別是鑽牛角尖的時候），知道自己對於想蘊的執取。當知道心中已放下某個念頭、想法（不再特別談論它、不再需要他人認同自己的想法、不再想起），就知道對想法的執取已經離去了。

觀察心理活動（行蘊）的出沒

若果發現自己執著於某一個「內在氣氛」或意圖上，知道執取的心存在。若果發現自己已放下「一定要怎樣做」，知道執取的心已離去。

觀察意識（識蘊）的出沒

我們需要有意識（識）才能辨識外在物質（色，譬如我的外貌與身形），以及其名稱或意思（名，這樣的外貌就是 Janet）。有趣的地方是，若果沒有物質及命名的能力，我們並不知道自己具有意識。但很多時我們卻因為外在的顯現（色）及概念（名），而覺得「我」就是某某某、我不是某某某。當知道自己透過體驗來定義「自己是誰」，就知道執取於識蘊了。當知道自己沒有因為任何體驗去定義自己是某某時，知道執著已放下。

覺知到每一個蘊的無常與無我

記得瞎子摸象的故事嗎?留意到我們觸摸到事實(大象)的某一個角度,就會影響我們的感受、想法、意向、意識等等。同時,很多時因為過往的經歷,導致我們會選擇性從某一個角度去詮釋一個體驗(就是「戴有色眼鏡」)。所以接觸到色蘊的什麼,同時也依靠其他四蘊的狀態。

試過在地鐵或街上被人踩了一腳嗎?我相信大家都試過。有沒有留意若果當天心情好,比較不介意他人的不小心,但若果當天心情糟透了,我相信你比較會想罵那傢伙一頓!所以感受隨著其他四蘊狀態的不同,受蘊的呈現也可以不一樣。

有次先生答應了一些重要承諾,但最後改變主意,我因此而感到非常憤怒,覺得:「為什麼你常常說過的都不算數?」想蘊中充滿了瞋恚,我只看到對方的錯,並將一切的責任都怪責於對方身上。過了良久,某天遭遇事事不順:明明想帶小孩到太空館看三點半的電影，以為有入場券就可免費看電影，怎知臨入場前才得悉電影需要額外付款，而那一場已經滿座。兒子知道沒有電影看，感到沮喪非常，不想他失望而回，所以決定買五點的一場。因為回家的時間比預期晚了一個小時，回家的路途上兒子不斷喊肚子餓。一般不主張飯前吃小食的我，知道兒子無法忍耐到回家，所以唯有在途中買了些小包點充飢。心想：「回家後一定沒胃口。」不過再想：「算吧，一次半次，就隨他吧。」還好回家後，兒子也有吃一點點晚飯。外出了一個下午，讓我感到疲累，打算請傭人幫忙跟兒子洗澡，好讓自己休息一下。待我洗完澡後，兒子還是嚷著要我幫忙洗澡。雖然休息時間無奈只有短短的十分鐘，不過之前的疲累已經少了許多，所以我就欣然接受幫兒子洗澡，感恩當天只用了五分鐘就完成。（平時可以用上一個小時！）

有趣的是，那天雖然計劃一次又一次被迫改變，不過自己卻沒感到煩躁，而狀況也沒有預期中難處理。我反思：其實每一個當下的自己都盡力了，因緣不配合，計劃就需要調整一下，這也沒什麼大不了啊。這個體驗也幫助我梳理對先生的不忿：

「可能他也有他的矛盾，就像今天我有我的矛盾一樣。」因為看法不同，想蘊的呈現也不一樣了。

行蘊也如此，因緣的不同安排，同一件事可以有不一樣的做法。一些以前你覺得錯的事，今天可能你覺得有例外。識蘊也如是，一些以前你不認識或不同意的觀念，因為生命的體驗、角色的改變而有所改變。

佛陀告訴我們一切的身心狀態由不同的因緣組成，遇到某個狀況，我們會有某個反應方式。若果被羞辱，就很自然會感到憤怒；若果被同理，就很自然感到被愛。一個人並沒有永遠的好或永遠的壞，一切視乎因緣、天時地利人和（當然這也包括自己的修行）。早前紅遍世界的電視劇《魷魚遊戲》談及人性的醜惡，而引起不少爭議性的話題。問心，若果生活寸步難行，身處在魷魚遊戲裡面，而賭注是自己的命，可能我們都會驚訝自己能做出什麼的行為。

在五取蘊這個練習裡，我們不需要將自己變成「某某」，而只需要學習如實看到不同身心狀態的始終。當中包括看到執著，只需要純粹的看到執著。

純粹的觀察讓我們的心跟不同身心狀態製造一個距離。有距離去觀察「我」的呈現，你會對「自己是什麼」或者「自己應該是什麼」的執著減少；此時，你會發現自己變得無比勇敢；同時，也穩定無比。因為內在價值已經不再定義於表面的做不做得到、是不是什麼。這時，每一個決定能最對應到每一個當下的需要，成為一個純粹、無阻礙的決定，而心，就自由了。

重誦

如是，或於內法，觀法而住；於外法，觀法而住；又於內外法，觀法而住。或於法，觀生法而住；於法，觀滅法而住；又於法，觀生滅法而住。於是覺知：「唯有法」，如是唯有正智，唯有正念。彼無所依而住，不再執著世間任何事物。

諸比丘！比丘如是於法即五取蓋，觀法而住。

解說：

跟上一章解說一樣，在此就不多解釋了。

法觀念處「五取蘊」的應用

若果大家對前三念處的練習有了一定基礎，那自然會開始留意到第四念處所提及法的運作。雖然練習模式類近，也在此跟大家分享如何在日常生活中去觀察五取蘊。

坐禪

建議以身觀念處的觀呼吸開始，讓呼吸成為專注對象，直到發現意識「被騷擾」時，觀察當刻意識接觸的對象：譬如留意到身體搔癢的感覺，知道「色」，下一刻留意到搔癢造成身心的苦受，知道那是「受」，留意到心中想法「很癢，這樣不能好好坐禪」，知道那是「想」，留意到因為搔癢變得不耐煩並且想中斷坐禪的動機，知道那是「行」，每一刻清楚自己的覺知在哪裡，那就是「識」。

剛開始時，不需要期待自己能知道每一個蘊的始終。有些人可能只知道受的開始與離開，那就只觀察受的開始與離開吧（其實這就回到受觀念處了）。有些同學只留意到呼吸的改變（色），那就只觀察呼吸的改變吧（身觀念處）。其實，透過日復日的練習，你將對不同細緻度的呈現變得越來越敏感。而這個過程是急不來的，每一刻讓自己在能力範圍內盡力就夠了。

順帶一提，當我們做「觀察」練習時，容易以為要「盯著那個體驗直到該體驗完結為止」。但其實不需要太刻意（因為太刻意就變成另外一種壓力了）。若錯過體驗的離開，知道錯過了就可以。看到就看到，看不到就知道看不到，不用勉強。

生活上

其實無論在食禪、行禪、瑜伽練習，甚至日常生活中，可以利用正念鐘聲（參考第八話身觀念處的指引）作練習基礎，每次被「鐘聲提醒」時，回到觀察身體，觀察當下心正在接觸什麼對象（留意到什麼？聞到什麼？聽到什麼？說什麼？嚐到什麼？觸碰到什麼？感受到什麼？有什麼念頭？有什麼情緒或心情？想做什麼？），觀察一下有否執著於任何體驗上或者排斥著什麼體驗，之後回到呼吸的觀察，好好跟著呼吸三次，容許自己有任何感覺、任何執著、任何排斥，如實知道就可以了。

覺得練習不困難時，可以開始將觀察時間延長到從早上睡醒到晚上睡前，盡可能每一刻都觀察自己的心：

- 這刻身體姿態是如何、外面發生什麼事？（色）
- 這刻感受如何？（受）
- 這刻有什麼想法？（想）
- 這刻有什麼情緒？對自己、他人、事情有什麼期待？從中希望滿足什麼的渴望？我打算做什麼？（行）
- 這刻有意識到以上的層次嗎？（識）

在做以上的五蘊觀察時，留意自己有沒有想要改變某個狀況。有的，是自然不過的事，只需要知道：「啊，執著了。」就可以。放下對練習的結果，盡可能每個瞬間都有意識的陪伴自己；做得到，陪伴自己，做不到，也陪伴自己。

有學生問：「如果我做到了，那之後怎樣？」其實做到了，就只是純粹的「那一刻」做到而已。事實上，現實就只是如此，我們既可以把它解讀成問題，也可以解讀成課題。即可以將它解讀為成功或者回饋，也可以解讀成威脅或機會。

當我們能夠無條件的陪伴自己，很自然就沒有那麼多情緒生起。脫下情緒的有色眼鏡後，我們就能看到「究竟發生什麼事」，而且自然而然的根據當下的條件、自己的能力，去做出最適合的回應。當我們放下「有什麼要改變、有什麼要做」的態度，我們就可以與實相相應。

法觀念處「五取蘊」：在關係中練習

在處理關係上的事情時，先回到身觀念處的練習，讓心平靜下來後，反思以下問題：

一、**色蘊**：對於事情的發生，問自己：我能接受事實是這樣嗎？若不能，我最不能接受的是什麼？有什麼環境因素、條件與際遇的組合導致事情這樣顯現呢？

二、**受蘊**：這件事讓我有什麼感受（苦受、樂受、不苦不樂受），我能接受我有這個感受嗎？有什麼環境因素、條件與際遇的組合導致這個感受的產生呢？

三、**想蘊**：對於這件事／關係來說，最常在我腦中盤旋的想法是什麼？我感受到什麼情緒呢？這個想法底層的渴望是什麼呢？我想得到一個怎樣的原始渴望呢（被愛、被理解、被認同、被接納、被聆聽、被尊重等等）？

四、**行蘊**：對於這件事的發生，我想做什麼？想達到什麼目的？這是一個被情緒支配的反應還是經過沉澱，為了自己及他人最高真善美（遠離貪瞋癡）的決定呢？

五、**識蘊**：我清楚自己以上的過程嗎？（若不清楚，我願意先從感受呼吸，觀察身體開始嗎？）我可以原諒自己已經在此刻的意識狀態下做到最好嗎？我能接受這就是當下的自己嗎？若果類似事件再發生，我會選擇怎樣做呢？這個改變會幫助我達到一個怎樣的心境狀態呢？

在《念住經》裡，下一個練習是「六內外處」，這關於意識與對象的關係，屬於非常細緻的觀察。我覺得法觀念處的其他幾個練習對於初學者來說能更有效把握其中精粹，所以決定在此略過這練習。有興趣的朋友請參考延伸閱讀的書本。

1 從《念住：通往證悟的直接之道》中將「身心本然的運作過程」稱之為「主體人格」(Subjective Personality)。

第十五話

發現內在的美好

在第十三及十四話中，我們練習覺察到自己不善的地方，以及阻礙自己認識實相的方法。當對以上兩個練習變得有把握之後，是時候開始覺察內在的美好了！若果只看到需要進步的地方，而忘記發現自己的美善，人還是會徘徊在自我價值偏低的層面。同時，發現內在美好不只是一般的優點，而是幫助我們導向覺悟，導向與實相共處的特別心境質素，佛陀將之稱為「七覺支」。「覺支」的意思是能支持覺悟的重要元素或重要條件。

正念有如陽光一樣，純粹的覺察五蓋可以克服它們的控制，而純粹留意到出現在心中的覺支可以讓它們扎根於心識之中。在第十話提及過 *The Magic* 一書，它是一個很好的練習讓我們更容易接觸到內在已存在的美善。很多時我們對自己苛刻非常，要數自己不足的地方可以沒完沒了，但要寫出欣賞自己的好處卻不知從何開始。若果大家覺得發現自己美好是一個困難，那不妨考慮先拜讀這本書。

好，先看看如何透過觀察七覺支來幫助我們圓滿純粹、清晰而開放的覺知及覺悟之心。

七覺支

復次，諸比丘！比丘於法即七覺支，觀法而住。然諸比丘！比丘如何於法即七覺支，觀法而住耶？

諸比丘！於此，比丘於內念覺支存在時，了知：「於內念覺支存在。」於內念覺支不存在時，了知：「於內念覺支不存在。」彼知未生之念覺支生

起，又知已生之念覺支修習成就。

比丘於內擇法覺支存在時，了知：「於內擇法覺支存在。」於內擇法覺支不存在時，了知：「於內擇法覺支不存在。」彼知未生之擇法覺支生起，又知已生之擇法覺支修習成就。

比丘於內精進覺支存在時，了知：「於內精進覺支存在。」於內精進覺支不存在時，了知：「於內精進覺支不存在。」彼知未生之精進覺支生起，又知已生之精進覺支修習成就。

比丘於內喜覺支存在時，了知：「於內喜覺支存在。」於內喜覺支不存在時，了知：「於內喜覺支不存在。」彼知未生之喜覺支生起，又知已生之喜覺支修習成就。

比丘於內輕安覺支存在時，了知：「於內輕安覺支存在。」於內輕安覺支不存在時，了知：「於內輕安覺支不存在。」彼知未生之輕安覺支生起，又知已生之輕安覺支修習成就。

比丘於內定覺支存在時，了知：「於內定覺支存在。」於內定覺支不存在時，了知：「於內定覺支不存在。」彼知未生之定覺支生起，又知已生之定覺支修習成就。

比丘於內捨覺支存在時，了知：「於內捨覺支存在。」於內捨覺支不存在時，了知：「於內捨覺支不存在。」彼知未生之捨覺支生起，又知已生之捨覺支修習成就。

解說：

若果觀五蓋需要了解那些條件讓五蓋不再生起，觀察七覺支就是要清楚知道如何培育七覺支，並且讓它們在心中茁壯成長。

首先解釋一下每一個覺支的意思：

正念	保持著一個開放、無分別，以及敞開手的態度去接觸每一個當下。
擇法	透過對一切現象（法 dharma）的探究去領悟佛陀的教導（法 Dharma）
精進	利用適當及不動搖的努力遠離貪、瞋、癡的習氣
喜	由修煉帶來的一份從內而發的喜悅
輕安	一份安樂、知足，順應天意而行，身心舒泰的狀態。
定	隨著輕安的感受，培養出平靜及集中的狀態，從而達至禪定。
捨	帶著最高的平等心，全然地接納每一刻的體驗。

七覺支當中以正念為基礎，當正念越趨成熟時，它同時助長其他六覺支的生起。培養七覺支不但可以讓我們感到身心康泰，亦可以幫助克服五蓋，真的可謂一石二鳥。初開始的時候，正念為一個因去「蘊育」其他六個覺支，不過當其他覺支開始發展出來的時候，它們也可以強化正念的穩定性，它們的關係是互惠互利的。

另外，後六個覺支可以被分為兩組，分別幫忙超越兩種不同的不善心境狀態：

- 擇法、精進及喜可幫助超越心呆滯及精進不足的狀態
- 輕安、定及捨則可幫忙緩和心亢奮及精進過度的狀態

七覺支的培養順序

正念幫助我們有意識去接觸每一刻，同時以無常無我等角度去看待事情。這種觀

察就助長了「擇法」的能力。如上，擇法有兩重意思：探究一切現象的性質（dharma）及深入理解佛陀的教導（Dharma）。當我們對法的理解越來越深刻、越來越內化時，我們清楚知道什麼是善巧的（遠離貪瞋癡）、什麼是不善的（增加貪瞋癡），這不但幫助超越疑惑蓋，同時會加強對練習的興趣與推動力，進而促進「精進」的發展。精進的練習以四正勤為藍圖[1]，有著適當的努力，這是與昏沉蓋剛剛相反的能量。透過沉實而穩定的精進修行，修煉者會開始嘗到禪修的喜悅（練習的回報），這種喜悅讓人繼續想努力往美善方向走，慢慢從喜悅變成一個比較內斂的知足、輕安感受。從輕安再繼續努力，練習者慢慢開始掌握練習的力度與態度的平衡，慢慢開始達到至善的平等心、隨遇而安，以及遇到任何事都能處之泰然的「捨」心。

觀察的次第

首先，清楚知道七覺支的出現與否。持續的觀察，學習認出每個覺支所需的條件來成就出來；同時，知道每個特質是否完全地精通、參透、圓滿。

法觀念處「七覺支」的應用

我自己多數透過日常生活中去觀察七覺支，當然，在坐禪的時候也會觀察，只是當覺支「出來」的時候，才會輕輕的「指出」。不過自己功力還未足夠，很多時它們離開了好陣子才能發現。不過，沒所謂，大家能夠盡自己的能力去訓練就可以了。建議可以在日常小練習或者正念鐘聲的時候，覺察呼吸，之後留意一下七覺支的蹤影。

如上文說過，其實每一刻留意並感受自己的呼吸，是有助強化正念的種子，慢慢地，其他六個覺支亦會相繼被喚醒。

法觀念處「七覺支」：在關係中練習

我覺得七覺支與五蓋可以同步觀察的。七覺支的出現就是五蓋的離開；七覺支的消失就是五蓋的出現。若知道七覺支已生，知道此時身心狀態穩定，與人溝通是比較可以為自己與他人的真善美而出發。此時可以確認自己一直努力修煉的成果。以下幾個問題可以讓大家對關係反思一下：

正念：跟對方互動時，我有沒有以一個敞開手的態度去面對此刻的狀況呢？

擇法：互動的過程中，我有沒有以無常無我及空性作為藍圖呢？

精進：我有否盡自己的身心範圍內努力幫助我與對方往長遠的美善出發呢？

喜：練習會幫助這關係帶來喜悅嗎？

輕安：對於現在這個關係的狀態我感到知足嗎？我覺得安樂嗎？

定：對於這個關係我能安住於此刻的狀態嗎？無論它是好是壞。

捨：我能夠全然接納這關係此刻的狀態嗎？不要求自己或對方要做到什麼，無條件的接納自己與他人嗎？

若發現互動並沒有想像中善巧，覺知到七覺支已經離開（被五蓋取代），亦可以確認自己的正念（沒有正念就看不到七覺支的離開了！）。覺知道七覺支不在，就知道五蓋已來臨，此時最好先不做決定，也不是一個商議的好時機，就給自己時間好好觀呼吸、行禪，等到情緒平復才做決定吧。

先處理好自己的情緒，同時跟對方交代：「親愛的，我現在處於一個不是最好的狀態去討論這個議題，我需要先好好照顧自己的情緒後，才再與你商討，因為這樣對大家也會有幫助。我希望能找到一個大家都舒服的方法，我正在為我們的福祉盡力，請你給我（一天／一個週末／其他）的時間，我答應你，我準備好再一起探討。」

1 詳情請參閱第五話有關四正勤的解說。

第十六話

面對現實

從觀察身體、感受、心境，以及前三章所討論更細緻意識的狀態中，大家不難留意到無論哪個次元，它們都有著無常、無我，以及空性的烙印。佛陀透過對身受心法等四個次元的觀察，發現了四個基本現實，稱之為「四聖諦」。這四個基本現實就像一個生命的佈景板，一直都存在著。很多時未覺醒的人們會在自己的思想世界下忙個不停，看不到生命真諦的背景板，明明一些逃避不了的現實，都只會自欺欺人地覺得「這只會發生在他人身上，不會發生在自己身上。」

這讓我想到自己之前在感情關係上容易將對方的優點無限擴大，而縮小對方的缺點。導致就算看到感情上不斷遇到阻礙，都會安慰自己說：「只要我再努力一點，是可以跨越這個障礙的。」多年後，我才發現這個應對方式源自小時候，希望透過努力（做一個乖孩子）可以討好爸爸，讓他愛我多些、讓他用我喜歡的方法去愛我，不斷幻想爸爸可以如何像電影裡的慈父一樣無條件地愛我。不過經歷過一次又一次的失望後，現實就是現實：爸爸不會變成我幻想的慈父，雖然他愛我的方法是我不同意，但他的確愛我。無論有多努力我都無法改變他人，唯一可以改變的是自己。慢慢學習解讀爸爸對愛的詮釋時，就發現，雖然表達愛的方法不一樣，但愛，的確是存在的。人，就釋懷了。

一個不面對現實的人是無辦法找到真正的幸福，因為幸福建基於現實當中。當我們還抱著要改變他人、改變世界的態度去生活時，我們一直在與事實對抗，而在對抗中的生活是不會有幸福的。雖然接受現實讓我們首當其衝有著投降及無力的感覺，但在這個感覺過後，能面對現實時，我們才可以領回改變的力量。

回到現實的當下，我們可以體驗到生命的美麗與豐盛，原來很多的美好，一直都存在。

四聖諦

復次，諸比丘！比丘於法即四聖諦，觀法而住。然諸比丘！比丘如何於法即四聖諦，觀法而住耶？

諸比丘！於此，比丘如實了知，「此是苦。」如實了知：「此是苦之集。」如實了知：「此是苦之滅。」如實了知：「此是趣苦滅之道。」

解說：

四聖諦是佛陀的核心教導。無論是身、受、心或法，它們都有著同一個模式，就是生與滅；條件改變時，狀況就會有所改變。一切都在變動中，沒有一個現象是恆常不變的。在這個世界上，一切都是相對的，你可以說加薪很開心，也可以說因為升職而增加了不少壓力。凡事有得必有失、有捨必有得、有利益必定有代價。我們可以無止境地看到生命的苦，同樣地，在不需要改變任何情境的狀態下，我們也可以看到事物無盡的美好。

聽說過「幸福並不是一種狀態，而是一種能力。」我覺得很有意思。那位講者說幸福是一種能力，因為它是一種有意識的決定，透過努力，訓練出來的。我非常同意，而這也是禪修的重點，能接觸當下的美好，我們立即能體驗到幸福。不需要等到他人怎樣怎樣、事情怎樣怎樣、天氣怎樣怎樣我們才可以快樂，我們可以當自己幸福的守護者，將心帶回當下，去感受已有的幸福。

以下這四個宇宙真理，無論你相信與否，它都影響著每一個人的運作。

苦諦

如第六話所說，生而為人，我們無法逃避某些痛苦。當感受到苦的時候，我們可以不否定苦的態度去觀察苦。大部分時候，我們對苦都會有所反應，越去否定苦，我們越會加重心理上的苦。但若果我們能夠容許苦的存在（而不將之與個人的價值等同），純粹的陪伴著苦受，慢慢地，因為沒有情緒反應，而苦就會淡去，剩下少許的痛。

在練習時，若果知道有一個苦受，無論那是心理上或是生理上，知道那是其中一個生命的基本事實。只需要純粹知道：「啊，這是苦受。」就可以了。

集諦

「集」的意思就是苦的聚集，也就是苦的來源。能純粹看到苦受為苦受時，慢慢可以留意到苦受的細節，譬如這苦受來自什麼的「混亂」（事實只是一個狀況，但有苦時難免會將它看成為一種混亂）：

- 外在的混亂（譬如要面對公司人手調配、經濟環境不理想等大環境的變動）
- 內在的混亂（譬如自己的想法、情緒、矛盾、恐懼、衝突等——一些內在氛圍的變動）

外在的混亂可以導致內在混亂，但內在的混亂亦可以加深外在的混亂，兩者是互相影響的。若果沒有內在的安定，我們就容易被情緒或習氣牽引著，當意識被情緒遮蓋著時，我們所做的決定往往都不太準確。

大部分人就算沒有遇到外面的混亂，裡面都一團糟；有些就裡外的混亂在互相拉扯，相互影響著。一個人不會一輩子都順風順水的，這樣的人生亦會索然無味，沒有成長的空間。就算遇到外在環境的變動，好消息是我們可以透過練習去穩定自己的心，當內在穩定了，外面的狀況都會跟著穩定下來，因為內在的穩定同樣能夠影響外在。

在這裡想跟大家分享之前在《溫暖人間》雜誌刊登的一篇文章：

一切如夢幻泡影

Audrey（化名）最近要離開一段十載的婚姻。丈夫是一個大好人，他倆的婚姻生活一直都很富足，不愁衣食。即便雙方非常努力去耕耘婚姻，不過卻一直遇到只有門內人才明白的困難與矛盾。

雖然分開並不是兩人的願心，但雙方努力多年都未能找到一個和解方案，所以最終也決定和平分手。因為大家感情基礎好，所以談論離婚時大家都儘量在為對方立場著想，希望大家都可以一個和諧、尊重的方法離開。

辦離婚其中一個必須面對的議題就是分產——一個從來都不是舒服的議題。儘管雙方剛開始時的確關愛對方感受，無奈到了分產這個議題時，也無辦法的陷入了一個對立的局面。從 Audrey 的理解，大家一直過著舒適的生活，現在先生也有誠意讓她繼續過著舒適的日子，離婚後的生活雖然會有所調整，但應該不會跟現在的生活水平差太遠。先生也希望妻子得到法律上合理的財產，自問自己的生意頭腦不錯，他不介意降低自己的生活水平而讓妻子得到物業。

雖然先生擁有不少公司、物業，而生意的交易金額也不少，不過近幾年因為社會事件加上疫情的影響，生意一落千丈，妻子並不知道原來先生的經濟狀況已經今非昔比。加上，先生擁有的家族物業股權不多，所以雖然先生有心希望讓妻子過著舒適安穩的生活，但事實上他能提供的卻非常有限。

Audrey 本來以為自己能夠擁有自己的物業，到現在可能只剩現有居所的幾年居住權，正當她在惆悵未來的安排時，她選擇坐禪。有趣地，她得到一個很有智慧的訊息：

「當你以為一切很實在時，你卻發現它只是夢幻泡影。世事就是虛妄：當你以為你擁有，一瞬間它可能已化成煙。正當你以為什麼都沒有時，你又會發現原來你所擁有的比你想像中多。每人都會努力希望得到自己的物業，但得到物業的初心是希望住得安穩，但如果因為置業讓你感到很有壓力；又或是你並沒有自己的物業，但你卻住得安穩自在，究竟哪一個來得比較真切？到臨終的一天，你能拿著物業不放？事實是，一切如夢幻泡影：每一刻生活建立於泡影之上，如履薄冰，雖然知道泡影總有一天會爆破，但我們亦需要安穩在當下此刻。生活本就是一個學習以平常心踏實生活的體驗。生命並沒有所謂的保證，但我們卻可以安穩自在的活出每一天。」

這讓她深思：「究竟體驗來得比較實在？還是我們頭腦以為擁有的來得比較實在？」

有時你覺得真實無比的，到最後卻是虛妄；當你以為的虛妄，卻給你無比踏實的感覺。真真假假、假假真真，同一件事，站在不同高度，可以看到很不一樣的風景。

你看，以上的故事裡面，當一個人能看透事實的本然狀態，有了內在的穩定，就不會再像一隻沒頭的雞到處亂衝亂撞，胡亂去抓緊任何東西，好好地深思什麼對自己最重要。有了不同的心態，就更有力量去面對分產的事宜，以及籌備將來新一頁的計劃。

在集諦裡面可以先觀察這個苦到底有多少來自外在的混亂，多少來自內在的混亂（雖然大多時兩者互相牽引，很難劃分得那麼清楚）。覺知到五蘊的狀況，並且好好陪伴及容許自己。待內面穩定些，可能會更深刻看到造成苦的原因是什麼。

佛陀教導我們，人生必有苦，但每一個苦必有因。若果了解到真正原因，苦結就有辦法解開了。

滅諦

如上，當了解苦的成因，我們就可以去觀察：

- 大環境的成因
- 自己習慣模式如何造就了這次苦的體驗
- 自己想如何面對這困境
- 在身心的能力範圍內可以做什麼？
- 透過行動去改變

大部分時候我們面對著苦卻無力改變，那是因為心底裡不能面對現實、不能接受現實，心還在一個反抗的狀態中。《念住經》的每項練習，基本上就是訓練我們面對現實的能力。透過細心觀察（不面對根本觀察不到），我們可以對事實所呈現的狀況有更深的理解，有了理解，就看到更多的角度，看得開時，人就容易接受事實（發現其實很多事並不是衝著自己來的）。接受了，就「馬死落地行」（意即根據當時能力範圍內往需要的方向繼續前進了），因為已放下抗拒的態度，我們就領回處理面前狀況的能力。盡了力，處理完畢後，就可以放下（因為已經沒有其他事情可以做）。

放下了，問題不見了。這就是所謂苦的滅。

至於處理方法就可以參考下個真諦——道諦。

道諦

很多時候，頭腦知道／明白很多，但行動卻很少，因為會以為「我知道就等於我已做到。」但事實是，就算你知道一百年都不夠一分鐘的行動來得實際及有效，而真正的能力及智慧來自知識的應用。

譬如你對烹飪很有興趣，常常在網上收看不同的烹飪節目，並且清楚知道如何做不同的菜式。今天你想弄一道羅漢齋，你大可以朗朗上口告訴傭人煮羅漢齋的步驟（雖然自己從來未下過廚）。不過，這就等於你能夠煮出與節目中同樣水準的羅漢齋嗎？不然。你是不能每次都可以做出同樣水準的羅漢齋（這需要技術的穩定性），而當你到朋友家裡弄同一道菜時（當廚具不同，食材稍微有差），你也不能做出同樣口味的羅漢齋！這解釋了「認知」與「能力」是不一樣的。

落實修行就是能力的培養。一次的成功並不等於能力的穩定性。穩定性的意思就是：這能力不會因為外在環境而改變太多。從小到大，要培養到任何一種能力／技巧唯一的方法就是不斷重複練習，根本沒有捷徑可走。因為當我們的歷練或經驗越豐富，持續的穩定性就越高。

所以，要除苦，我們必須身體力行做改變，當中包括行為（身）、話語（口）、想法及觀念（意）的轉變。佛陀為我們提供了一個藍圖，當中有八個項目，稱為「八正道」[1]：

- 正見（觀點）
- 正思惟（思想）
- 正語（話語）

- 正業（行為）
- 正命（生活方式）
- 正精進（適當的努力）
- 正念（開放與當下的心）
- 正定（專注）

每個範疇都以「正」字開始，當中有「完善」、「善巧」、「擺脫貪瞋癡」，以及「與實相共處」之意。所以，正並不等於「對」相對於「錯」，而是修行能否圓滿。善巧的意思指我們的身口意能夠幫助自己遠離執著、對事實的排斥與誤解等習慣。至於對什麼有誤解呢？那當然就是對無常、無我的謬誤。與實相共處的意思就是面對現實，沒有個人的投射（但要知道有沒有投射並不是自己說了算，而是當心清淨時，一切就會顯得那麼清楚）。

正見

我們去了解一件事，必須從一個觀點（Point of View）出發，可是，因為觀點與角度的問題，每個人所看到的既可以說是對，同時亦是錯。譬如下面有一個長方形：

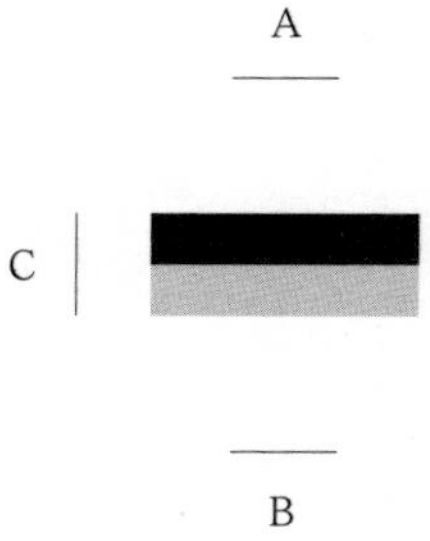

從A看過去，他看到的是一片黑色的物體，從B的角度是一片灰色，而從C的角度則是一片半黑半灰的物體。那三個就開始吵起來。大家各自都爭議說自己是最對的，而對方所看到的是錯的。

那究竟誰對誰錯呢？雙方既是對亦是錯。從每個人的角度來說，看到的確實是他們看到的，可是，從宏觀的角度來說，各人看到的只是事實的一個片面。正見的意思也是如此，一切只是因緣和合而生、因緣不和合而滅，並沒有對與錯。正見就是覺知到世上所有的觀點都是謬見，有了正見我們就有能力將一切的觀點放下。

正見並不是一個概念，而是一個認知，一個對事實的理解，而它必須透過親身驗證與領悟。

正見亦是對四聖諦及因果的正確了解，就像一個人的運作已經跟四聖諦及因果法則平行同步，不需要用頭腦的推論及提醒，自然而然的將無常無我空性的生活態度應用於生活細節中。

正思惟

要做一件事之前我們會談論，開口談論之前我們會思考。正思惟所指的就是練習留意及守護每個念頭。很多時，我們的念頭也充滿了不滿、抱怨、忽視及無視。透過正思惟我們學習尊重事物本來面目，放下理想化的「應該」。一些不善的念頭例子為：

- 自責
- 自負
- 懷疑
- 憤怒
- 指責

• 埋怨

• 無視

學習觀察每一個念頭，看看它們能否為自身及他人帶來最高真善美，打破對無常無我的誤解，解除對外相的執著、排斥及無視。

當發現自己的想法開始讓自己陷入執著、排斥及無視的習慣時，我們就需要停下來，好好的感受呼吸，感受當下雙腿的感覺（請回到第七話〈培養定力：觀呼吸〉）之後：

一、認知到當刻的想法

二、容許自己有這個想法

三、理解這個想法背後的期望與渴望

四、容許自己有這些感受

五、等到平靜下來後，再問自己：現在我想如何面對？我可以如何面對？我希望將自己的力量投放在哪裡？清晰之後就將專注放回當下的細節上。

六、需要的話，重複以上步驟。

就算暫時不知道「如何」處理，只要有心想做改變，單憑保持著想改變的心與誠意，很多時路就會開出來。要培養正思惟需要無比的決心，因為我們的想法實在與自己貼得很近，不易察覺。而正念、正定與正精進會幫助我們增加正思惟。

正語、正業、正命

正語指為自己及他人能帶來美善（遠離貪瞋癡）的表達方式，當中包括四個特質：

一、事實
二、對聽者有啟發的
三、對聽者有幫助的
四、溫和的

練習將具傷害性的言詞轉化成符合以上準則的說話方式。譬如將「你這個人真的很不行，常常食言，叫我如何相信你？」一變成：「你答應我做的事情並沒有做到，上星期同樣事情也沒兌現，這樣我感到很失望與懊惱，可以告訴我沒有做的原因？」

你可以看到兩句話所帶來的互動可以很不一樣。

正業是正思惟的延續，透過日常的行為為自己及他人帶來至善的和諧。要辨識一個行為是否完善、善巧，單從表面行為去判斷並不夠的，而要檢查行為背後的動機。譬如大聲喝小朋友，一般會把這個動作視為不善之舉，可是，若小孩突然衝出馬路，相對於循循善誘，當下大聲喝止反而是善的做法。

又譬如聽到友人要離婚，從外表看，這對夫婦一直很恩愛，不理解的人容易將自己的判斷投射在對方身上。但細心聆聽離婚的原因後，可能發現分開是最能維持雙方友好關係的方法。所以，凡事練習觀察表面行為背後的期望與動機，這幫助我們看破表相，更能辨識什麼是善的行為。

記得有位亦師亦友的朋友分享過：「關注你前進的方向，而不是前進的速度。只要方向正確，即便一開始速度慢，你也會越走越快。如果方向錯誤，奔跑也是沒用的。無論人生、事業、投資，其實都是如此。」

透過正業的練習，讓自身的行為帶來自己與他人長遠的平安、和諧、理解、慈悲與關懷。

至於正命則是正業的延續，就是我們的生活方式，包括謀生之道、娛樂及休閒方式。

正精進

每次開課時，我都會與學生唸一段文字，我覺得它代表了正精進的精神[2]：「現在我選擇踏在墊子上，目的是好好理解並關顧自己。願我能夠在自己的身心能力範圍內盡力，挖掘自己的潛能，並且學習包容及原諒自己的限制。願我的練習能為自己及他人帶來最高的真善美。」

第一句意思就是知道每刻無論做什麼，那都是我們的選擇，無論那是有覺知或無覺知。若果我們有覺知去做每一個決定，無論那個決定有多難，我們都不會很苦。知道每刻都是一個選擇，我們可以放下受害者的角色，正式為自己的生命負責，領回生命的力量。

努力的確是一個好的特質，不過若果努力當中並沒有方向及覺知，那份努力可能會為我們帶來痛苦，而不是離苦。要清楚正精進的目的是為了自己與他人離開執著不放的心、離開排斥對抗的態度，學習好好面對現實。至於這個努力是「正確」與否，就要看看它有否為自己及他人帶來平安與滋養。若果越努力越感到痛苦，吃力不討好，那麼，那個努力就不是正精進了。

所以每刻學習在自己的能力範圍內盡力是很重要的，這幫助我們學習順著生命的力量去走；有時能力大，可以做多些，有時能力不足，就學習先關顧自己。修煉是一輩子（甚至好幾輩子）的事，所以，力度應考量到長遠的利益。

正念

在這裡的意思是指培養一個開放、全然接納及當下的心，培養對身受心法的覺知。

（詳情請翻到第五話有關正念的解說）

正定

有正念的心非常重要，但若沒有一定的穩定力，我們就很容易被眾多的感受、體驗所淹沒。相對於正念，正定幫助我們停止與執著、排斥及無知糾纏，回到當下，集中專注於一個對象上。當心再不與外界鬥爭時，我們的心可以像一面湖水的狀態，反映出事實的本來面貌（也就是禪定的境界（請翻閱《瑜伽生活禪》有關禪定的培養））。正定與正念就像一個陰、一個陽，兩個互相扶持、相輔相成。

清楚的知道

每一刻，清楚知道自己的體驗屬苦、屬苦的因、苦的止滅（即是幸福的開始），抑或是幸福的培養。

疊句

如是，或於內法，觀法而住；於外法，觀法而住；又於內外法，觀法而住。或於法，觀生法而住；於法，觀滅法而住；又於法，觀生滅法而住。於是覺知：「唯有法」，如是唯有正智，唯有正念。彼無所依而住，不再執著世間任何事物。

諸比丘！比丘如是於法即四聖諦，觀法而住。

解說：

跟上章一樣，就不多解釋了。

法觀念處「四聖諦」的應用

坐禪

坐禪時，留意到當下一刻的感受，自己有苦受？樂受？抑或是不苦不樂受？知道有感受存在時，只需要知道它在，繼續回到呼吸，並且觀察整個身心的狀態發展，慢慢，可能你會開始留意到感受產生的因由。譬如留意到對他人的不滿來自對自己深層的不信任及自卑感。再繼續純粹觀察這個感受時，可能你會留意到那個感受慢慢的淡化，繼而知道透過純粹的觀察是足夠讓痛苦減少，這讓你增加對練習的信心。

可以留意：

- 若果此刻感受到苦，無論身或心，以不否定的態度覺知到它的存在。（苦諦）
- 若果此刻看到感受的來源，只需要如實的探索。（集諦）
- 若果此刻看到苦已經離去，可以享受無苦的狀態。（滅諦）
- 認知此刻的努力是八正道哪一項，一步一步慢慢走。（道諦）

從觀察中發現痛苦的來源（集諦）與透過思考來猜測苦的源頭是有分別的。前者來自透過細心觀察而發現萬事萬物的互動像一個立體蜘蛛網——遠端的變動可以影響近端的狀況，而後者則靠過往經驗（從書本、記憶、他人的體驗等等）推測出來的。前者的觀察能更準確地接觸到事實呈現的原因。所以，這個「看到」的能力並不能單靠頭腦的意志力去獲得的。看不到原因，只需要知道還沒看得到就可以了。當緣分、條件、時間俱足時，真相自然大白。

當苦離去時，不用刻意「再三確認」它的離去，因為此動作來自對自己或外界的不信任，這種「記掛」（執著）的心會將原本已離去的苦受再次拉回來。嘗試將過去放下，好好感受當下一刻就好了。當然，這個「記掛」的狀況亦是練習過程之一（我體驗過無數次，所以才能在這裡與大家分享心得），若留意到自己有擔憂，只需要知道那一刻有新的苦受呈現就可以了。

其他生活上的應用

從每天的生活中學習「認出」四聖諦的呈現，可能你留意到自己受苦（苦諦）、可能留意到受苦的原因（集諦）、可能留意到問題已經解決、雨過天晴（滅諦），或者自己努力練習，希望可以改變目前狀況（道諦）。每一刻都存在著苦集滅道四聖諦，它們以重疊性的方式顯現、離去。

觀察苦諦

跟坐禪練習一樣，於日常生活中多留意自己的呼吸或者雙腳的感覺。每個瞬間都會遇到不同的刺激、不同的際遇，回到呼吸與腳步能幫助我們對身體、感受、想法及意識變得敏銳。

若果留意到有任何程度的苦受，嘗試「無添加」的觀察，並且留意那個感受源自於身抑或心。一些例子：

- 不小心踢到腳趾（身苦）
- 上司誤會了自己（心苦）
- 期待已久的旅行被取消了（心苦）
- 對於未來有著莫名的憂慮（心苦）
- 胃痛（身苦）

觀察集諦

若果是身苦，可以多觀察苦的來源。譬如胃痛時，可能你留意到：

- 最近因為擔心家裡的事情而緊張
- 因為緊張，所以吃飯的時候沒有咀嚼幾次就吞嚥。
- 因為時間緊湊，每頓飯都順順便便就趕著去做其他事情。
- 因為急著填飽肚子，選擇吃的食物沒有充足的營養。

若果是心苦，先純粹的陪伴這些感受（可回到第十一話〈與情緒相處〉），安頓下來時留意一下：

- 環境因素

- 感受
- 想法，如自我評價、信念、價值觀、主觀現實、成見、假設、規條。
- 情緒
- 行為背後的期望，如對自己、對他人，以及他人對自己的期望。
- 行為背後的渴望
- 自我價值觀

透過對於以上幾點觀察，慢慢會對苦的成因有更多了解。

努力走上美善之道（道諦）

《五項正念修習》是一行禪師將佛教的五戒重新翻譯本，加入具體的練習方法，大家不妨以此為修煉藍圖。記得，努力的同時，也可以學習原諒自己做得不足的地方。

五項正念修習[3]

五項正念修習代表了佛教對於靈性和道德的全球視野，具體地表達了佛陀所教導的四聖諦、八正道、真愛，以及正確的了解之道，為我們和世界帶來療癒、轉化和幸福。實踐五項正念修習，培養相即的智慧，即正確的見解，能夠消除分別心、固執、歧視、憤怒、恐懼和絕望。依據五項正念修習來生活，我們就是走在菩薩道上。走在這條道路上，我們不會迷失於現前的生活，也不會對未來感到恐懼。

一、尊重生命

覺知殺害生命所帶來的痛苦，我承諾培養相即的智慧和慈悲心，學習保護人、動物、植物和礦物的生命。我決不殺生，不讓他人殺生，也不會在思想或生活方式上，支持世上任何殺生的行為。我知道暴力行為是由恐懼、貪婪和缺乏包容所引起，源自於二元思想和分別心。我願學習對於任何觀點、主張和見解，保持開放、不歧視和不執著的態度，藉以轉化我內心和世界上的暴力、盲從和對教條的執著。

二、真正快樂

覺知社會不公義、剝削、偷竊和壓迫所帶來的痛苦，我承諾在思想、說話和行為上，修習慷慨分享。我決不偷取或佔有任何屬於他人的東西。我會和有需要的人分享我的時間、能量和財物。我會深入觀察，以了解他人的幸福、痛苦，和我的幸福、痛苦之間緊密相連；沒有了解和慈悲，不會有真正的快樂；追逐財富、名望、權力和感官上的快樂會帶來許多痛苦和絕望。我知道真正的快樂取決於我的心態和對事物的看法，而不是外在的條件。如果能夠回到當下一刻，我們會覺察到快樂的條件已經俱足；懂得知足，就能幸福地生活於當下。我願修習正命，即正確的生活方式，藉以幫助減輕眾生的苦痛和逆轉地球暖化。

三、真愛

覺知到不正當的性行為所帶來的痛苦，我承諾培養責任感，學習保護個人、伴侶、家庭和社會的倫理和安全。我知道性慾並不等於愛，基於貪欲的性行為會為自己和他人帶來傷害。如果沒有彼此的同意和真愛，沒有深刻和長久的承諾，我不會和任何人發生性行為。我願從支持和信任我的家庭成員、朋友和共修團體，尋求對這真摯關係的心靈支持。我會盡力保護兒童免受性侵犯，同時防止伴侶和家庭因不正當的性行為而遭受傷害與破壞。認識到彼此身心相連，我承諾學習用適當的方法照顧我的性能量，培養慈、悲、喜、捨這四個真愛的基本元素，藉以令自己和他人更幸福。覺知到人類經驗的多元性，我承諾對任何性別認同或性取向不存分別心。修習真愛，我知道我們將會美麗地延續到未來。

四、愛語和聆聽

覺知說話缺少正念和不懂得細心聆聽所帶來的痛苦，我承諾學習使用愛語和慈悲聆聽，為自己和他人帶來快樂，減輕苦痛，以及為個人、種族、宗教和國家帶來平安，促進和解。我知道說話能帶來快樂，也能帶來痛苦。我承諾真誠地說話，使用能夠滋養信心、喜悅和希望的話語。當我感到憤怒時，我決不講話。我將修習正念呼吸和正念步行，深觀憤怒的根源，覺察我的錯誤認知，設法了解自己和他人的痛苦。我願學習使用愛語和細心聆聽，幫助自己和他人轉化痛苦，找到走出困境的路。我決不散播不確實的消息，也不會說引起家庭和團體不和的話。我將修習正精進，滋養愛、了解、喜悅和包容，逐漸轉化深藏我心識之內的憤怒、暴力和恐懼。

五、滋養和療癒

覺知沒有正念的消費所帶來的痛苦，我承諾修習正念飲食和消費，學習方法以轉化身心和保持身體健康。我將深入觀察包括飲食、感官、意志和心識的四種食糧，避免攝取有毒的食糧。我決不投機或賭博，也不會飲酒、使用麻醉品或其他含有毒素的產品，例如某些網站、電子遊戲、電視節目、電影、書刊和談話。我願學習回到當下此刻，接觸在我之內和周圍清新、療癒和滋養的元素。我不會讓後悔和悲傷把我帶回過去，也不會讓憂慮和恐懼把我從當下一刻拉走。我不會用消費來逃避孤單、憂慮或痛苦。我將修習觀照萬物相即的本性，學習正念消費，藉以保持自己、家庭、社會和地球上眾生的身心平安和喜悅。

認知幸福就在此時此地(滅諦)

就算生命正經歷各種起伏，我們都能夠接觸到身邊美好的事情。譬如小兒子不合作讓你感到無助、無奈、受氣，但也可以感恩他有自己的主見；就算正在與伴侶討論離婚的細節，也可以感恩自己有勇氣往前進；就算投考不到理想的學府，可以藉著這段時間去探索其他可發展的機會。

在這裡我想跟大家分享許榮哲在《薩提爾的親子對話》的序中所提到的一則故事：

……「每個負向行為背後，都有正向資源」。

先說一個故事。

一對夫妻在公園裡散步，後頭傳來兩個高中生的對話。

「#$%，怎麼找不到垃圾桶？」

「我 @#%，對啊，這麼大的公園居然找不到一個垃圾桶。」

「@#$%&，老子跟它拼了，我就不信找不到垃圾桶。」

……

當高中生走遠，妻子問丈夫剛才聽到了什麼？

「這些年輕人實在太沒水準了，滿嘴的髒話，簡直就是……垃圾！」

「垃圾？我很驚訝，你聽到的居然是這個！」

「難道你聽到的不是髒話？那你到底聽到了什麼？他們還說了什麼嗎？」

完全相反的，妻子告訴丈夫，她聽到的不是髒話，而是——這兩個高中生隨手就可以把垃圾丟了，但他們一直不放棄，到處尋找垃圾桶，這是個不容易的美德。

垃圾與美德，一負一正，兩種完全不同的價值，活在同一個人身上。

以上的例子正好表明了痛苦與幸福其實來自我們的一個念而已。

練習保持一個開放的心去面對每個裡外的狀況，盡能力保持覺知去回應、處理、挖掘自己的潛能，接納自己的限制，學習順著生命河流繼續往至善進發。

法觀念處「四聖諦」：在關係中練習

在關係裡，可以留意：

苦諦：此刻我有沒有受苦呢？有的話，請到下一題。沒有的話，知道現在苦滅（滅諦），好好享受這一刻的狀態。

集諦：若感到苦的話，觀察一下那是身苦抑或心苦呢？透過對於苦的觀察，認清各種造成苦的條件限制。

滅諦：當沒有苦的時候，清楚知道自己透過什麼練習來達到此刻的狀態（七覺支），確認自己可持續發展的能力，同時繼續灌溉正念的種子。

道諦：每一刻清楚知道自己在練習八正道的那一項，盡自己身心能力內努力，放下對結果的執著。如聖嚴法師對「四它」的教導：面對它、接受它、處理它、放下它。在關係中清楚知道自己在哪一個次第。

諸比丘！任何人於七年間如是修此四念處者，得二果中之一果：於現法得究竟智，或有餘依，則得不還。諸比丘！且置七年間、六年間、五年間、四年間、三年間、二年間、一年間，任何人於七個月如是修此四念處者，得二果中之一果：於現法得究竟智，或有餘依，則得不還。諸比丘！且置七個月、六個月、五個月、四個月、三個月、二個月、一個月、半個月，任何人於七日間如是修此四念處者，得二果中之一果：於現法得究竟智，或有餘依，則得不還。是故說言：

「諸比丘！為淨眾生、為度愁歎、為滅苦憂、為得眞諦、為證涅槃，唯一趣向道，即四念處。」世尊如是說已，彼諸比丘歡喜、隨喜世尊之所說。

解說：

佛陀跟弟子們保證任何人如果能持續正確地修習四念處七年，會有兩個可能性：第一就是得到無上的智慧，得到解脫；如果還未修得圓滿，這人的修煉都不會倒退了。之後他再說：都不用等到七年，甚至六年、五年、四年、三年、兩年、一年，甚至七個月都只會遇到這兩個可能的結果！甚至短至七日都可以！

很多時跟師資學生分享這裡的解釋時，大家眼睛都發亮，覺得「這實在太奇妙了！」因為這是佛陀說的，大家更不容置疑！之後我反問大家（這些同學已經練習四念處約七個星期）：「想想這七個星期你們的改變有多少？你覺得自己能夠回去兩三年前的自己嗎？當你們嘗過平安的喜悅後，你能夠回到那顛倒是非黑白的生活方式嗎？」大家都搖頭。「對，雖然這句話聽起來像很大口氣，但佛陀的確在說實話。大家的修煉再沒有回頭路了，因為以前的路實在太多因無知造成的苦啊，而這些苦是可以避免的。」大家都笑笑口的認同著。

以過來人的身份，我都覺得《念住經》確實幫助到自己不少。回想起來，其實以前的很多痛苦都來自自己不善巧的處理方式。就算再遇到類似課題（無論是面對事情的無常或自己的情緒），自己的反應都沒有那麼大了。我相信每位有一定修行的讀者都會有著同樣感受。

1 有關八正道的練習方法，請參閱本章內的五項正念修習。

2 可以參考第五話提及的四正勤，它就是正精進的精神。

3 五項正念修習由一行禪師所撰

第十七話

實際操作

我們的存在並不是單一性的，身、心、靈三者並沒有一條實際的界線劃分。身體生病時，情緒容易低落；擔憂時，身體自然就繃緊起來；缺乏信心時，行動力會減少；自我懷疑時，容易感到體力不足；體力不足時，做事有心無力；有心無力時，容易情緒低落、自我懷疑。相反的，當能夠肯定自己的內在價值，信心自然來，就算面對前面的未知，仍有動力繼續往前，即管只是往前邁進一小步。清楚自己的價值，我們不會覺得因為他人幫助自己而自己的能力變低，所以需要時能夠有勇氣向他人請求幫忙，好讓自己可以繼續前進。當有心靈空間處理面前的挑戰，就更容易有宏觀及清晰的思維，去理解事情的來龍去脈，以及做出適當的決定。

你看，身心靈三項是緊扣著！要照顧好身體，我們要照顧好心靈。有靈性修行讓我們更清楚身心的實際需要，要修的好，必須有健康的身體。因為人有不同層面構成，所以我們需要學習好好找到內在的平衡。

當然，平衡是一個動詞，而不是一個名詞；它是流動的、是不斷改變的，所以平衡這個「動作」本身就是一個修煉。因為生命本是無常，所以「內在平衡」這個練習根本沒有「完成」的一天。當放下「要做完」、「要做好」的想法，練習就變成一種生活方式，而非一個要達到的終點。

雖然每個人都希望萬事一帆風順，但試問誰的一生能順順利利？一帆風順的生命究竟有多實際？如果我們一輩子做著同一份工作，家裡大家的話題一成不變，朋友圈一模一樣，這樣的人生是否最理想？

我們既希望找到安穩，但過於安穩卻會讓人停滯不前。我們需要有成長空間及探索新可能性的機會，才能夠找到對生命的滿足感。若果穩定與成長對我們同樣重要，那起伏本身就是生命的美妙之處。

一般我們的內在氛圍是被外面的體驗牽引著，若果外面「好」，裡面會「好些」；外面「差」，裡面也跟著「差」。當然，這也視乎個人的取態。有些人可能因為以前的體驗導致裡面承受著太多的恐懼，無論所發生的是好是壞，他／她的內在都還是有著很多的懷疑。

的確，環境因素可以影響我們的體驗，但，同樣地，我們也有能力去改變面對外在環境的心態。這就是修行的重要性。

當我們慢慢開始有覺知地生活，自己可以控制內在的氛圍，而不是隨波逐流。

在這章我希望用簡單的方法為大家做個總結，讓大家有個藍圖知道如何從今天開始培養有覺知的生活。

設定大方向

開始前，先明白什麼是修行。我很同意聖嚴法師於《人行道》的講法：很多人以為吃素念經、禮佛拜懺、做慈善工作，甚至修神通，修到有未卜先知的能力，或是把身上的氣脈打通了，就叫作修行。其實，所謂修行，簡單的說，就是修正自己身體、語言、行為的偏差，通過任何方法而達成這個目的，就是修行。所以，上述如誦經拜懺、吃素禮佛，這些作法的確可以讓我們得到身心的平靜安定，因此，它也是修行的方法之一，但不是修行的目的，這要弄清楚才行。

至於修神通，佛教主張因緣果報，一切皆緣於過去生中的業力牽引，而才有現前的受報，未來的出路，也要靠著各自本身的努力才會慢慢好轉，單憑神通是無濟於事的。

很多人梵唄唱得很好，誦經持咒都很熟練，這樣固然很好，但這只是修行的入門功夫。所謂：「誦經不如解經，解經不如行經。」經典教導我們修行的方法，知道方法、熟悉方法，還要一步一步確實的去做，才能得到修行的利益；如果在日常生活、工作之間，還是跟以前一樣，動不動就怨天尤人、牢騷滿腹，那表示吃素誦經只做了表面功夫，對於修正自己的習氣、行為和觀念都沒有絲毫的益處。

我們要轉變行為和觀念，就是把貪、瞋、癡、慢、疑這些毛病改正過來。與人相處的時候，除了要用慈悲心、包容、寬恕別人的錯誤；同時，還要發揮自己的聰明才智，將成果奉獻給眾人，隨時隨地能運用理性和智慧，解決各種煩惱。所以，一個修行深厚的人，非但對自己有利益，他的行為舉止也一定能嘉惠他人。

曾經有一位太太來向我求助，她的先生吃喝嫖賭樣樣齊，一回家就把家裡搞得雞飛狗跳，連小孩子都怕看到爸爸回來。我問她想不想離婚？她說她希望還有機會挽回婚姻和家庭。我建議她至心誠懇的念二十萬遍〈準提咒〉，可能會有轉機。結果，她的先生還是和往常一樣，一點也沒變，反倒是她改變了。她說，誦二十萬遍〈準提咒〉之後，讓她的心安定下來，心一安定，慈悲心和智慧心就像泉水一樣湧出來了。她不再整天埋怨先生，也不怨嘆自己命運不好、遇人不淑；她全心全意撫養三個孩子，還教導孩子要同情爸爸的不知悔改、愚癡可憐。因此，她的先生每次喝得醉醺醺回來，她跟孩子不再躲得遠遠的，也不吵架，他們噓寒問暖，發自心底的關心他。漸漸的，她的先生回來也不好意思吵鬧了，家裡的氣氛也就慢慢改善了。

所以，修行是徹底改變自己的習氣，讓自己做一個有理性、有智慧的人。改變自己面對環境的心態，那麼，再惡劣的環境都可以泰然處之；這樣不但可以讓自己身心安樂，也可以幫助身邊的人開發內在智慧，得到身心安樂。這就是修行。

所以，要開始第一步，必須要清楚大方向，那就是改變自己的不善習氣，做一個有理性、有智慧的人。設定自己的人生意義，有能力將願心透過行動去實踐出來，為自己與他人帶來啟迪及內在平安，同時有能力應對不同環境的挑戰。

當設定好大方向，就可以勇敢的踏出第一步。

先從每一個呼吸、每一步開始（身觀念處）

最重要就是學習回到當下，因為我們的力量只有在當下這刻才能發揮自如。我們的擔憂、後悔、恐懼只會將我們困於幻想世界中。唯有接觸真理（Truth），心才能被釋放。

要回到當下，留意呼吸是最好的工具。因為呼吸只能在此刻發生，所以持續地留意呼吸可幫助我們回到當下。不同修行門派都分別建議大家留意呼吸，是因為呼吸是通往身心靈的重要門檻。呼吸急速，很多時候它反映出內在的緊張；反之，呼吸深，它反映出內在的沉穩。

除呼吸之外，留意身體的姿勢亦可以幫助我們回到當下，因為身體的姿勢一直都有著微妙的改變。雖然主要留意身體，大家仍然可以有部分覺知留意呼吸。譬如走路時，留意呼吸的速度；說話時，也留意每一句話之間的吸氣。

每天嘗試不斷持續地回到呼吸的觀察，並且以身觀念處作為基礎。走路的時候，好好的感受雙腳如何觸碰及離開地面，無論走得快或慢亦可。當然，如果能設定一條特定、每天都會經過的路線去做覺察固然理想，不過不等於這是唯一的方法。最近因為疫情的關係，大家待在家中時間為多，我們仍然可以留意在家裡走的每一步，無論從廚房走到客廳，或者從客廳走到睡房，我們都可以灌溉正念的種子。速度方面，只需像平時走路時的節奏就可，唯一不同的是，留意並感受走路本身的體驗。

將覺知慢慢延伸到生活的其他細節

食禪

當留意呼吸和腳步變得容易時，可以開始將覺知延伸到生活的其他細節，譬如用餐的時候。首先可以想像哪一餐比較方便做正念進食，又或者哪個方式去做正念進食。譬如選擇午餐（因為可以自己外出，不受家人打擾），或者晚餐（因為可以慢慢來），或者選擇每餐的頭五到十分鐘為食禪練習都是很好的開始方法。容許自己於這段時間放下手機、書刊，關掉電視機、音樂，好好的享受每一口食物。咀嚼時，留意食物的質感及味道的變化。

有了小孩之後，我發現真的不容易實踐食禪練習，因為小孩總是每事問，或者要照顧，所以會留意到自己會不期然開始吃得快，或者邊吃邊講話。曾經有一段時間因為小孩的關係，而無辦法做「正規」食禪練習而耿耿於懷。但慢慢地我開始調整練習的方法，譬如去留意吃飯時說的每一句話、咀嚼時食物在口裡的感受、身體的姿勢、吃的時候飯菜的質感等等。雖然練習看似「隨便」很多，但我發現練習還是繼續幫助我培養正知與正念，比起正規練習，反而少了壓力，所以這方式暫時是最適用於我現在的生活方式。

我相信大家都可以因應自己的生活狀況而找到適合自己的練習模式。

家務禪

除了食禪之外，大家都可以將覺知延伸到一些恆常家務中，例如洗碗，可以留意水溫、雙手接觸水或者碗碟時的感受、洗碗的動作、身體的姿勢、身體重心的改變等等。除了留意以上的體驗，不妨也留意呼與吸：呼氣時容許身體以放鬆的姿態去做手頭上的工作。當然，洗碗只是一個例子，練習可以應用在摺衣服、掃地、拖地、抹窗等家務中。

日常小練習

除了家務以外，亦可以將覺知帶到一些常做的事來變成正念小練習（請參考第八話後段有關日常小練習)。

正念鐘聲

當以上的練習都開始變的輕鬆，沒有壓力時，可以考慮加入正念鐘聲的練習(請參考第八話後段)，這樣可以幫助你保持持續的覺知。

循著自己的能力範圍內探索

在初開始禪修時，我很在意練習的方式及所投放的時間，總覺得越做得多就越好。某程度上是的，越練習得多，技術當然會進步。不過，走過多年後，我越發覺練習方式本身並不是最重要，最重要反而是練習的態度。若果態度充滿執著(覺得我一定要練習多少，方式一定要怎樣怎樣），那麼，我們訓練出來的結果就是執著。當人執著了，無論坐在蒲團上多久都不會得到平安。反而，當我們自在的練習（就是順著自己的身心能力範圍、自己的準備性去做自己覺得可以的量），真心投入於練習之中，那無論練習是正規與否，我們都會得到很大的裨益。

輕鬆、自在、順心的態度能幫助我們培養出興趣與享受性。當我們享受練習時（而不是覺得這是功課），身心會獲得滋養；當感覺到被滋養時，這良好感覺會變成一種無形的推動力使我們持之以恆去練習；恆常的練習才能帶來真正而持久的改變，將練習變成生命的一部分。

所以，找一些你覺得容易、輕鬆的練習及方法，一些你不感到太大壓力的方式，以及你能夠每天練習的劑量。與其將成敗放在「做得到」之上，倒不如將焦點放在「可持續發展性」上。練習野心太大，很容易因為失敗而沮喪；屢戰屢敗，大家都很難繼續下去的。過高的期望長遠來說會變成一種阻礙，對修行並沒有真正持久的幫助。

慢慢來，輕鬆的練習就是至上之策。記得，如果練習開始讓你感到壓力或枯燥，那就代表你需要調低一下練習的次數或者方式了。若練習不能夠滋養我們，那個練習並不是「正」精進了。

留意身體感受（身觀念處）

當覺知開始涵蓋生活的不同範疇並且感到輕鬆自在時，你應該能夠很自然開始留意到身體感受的變化。譬如走路時感到腰部的疼痛，可以留意每走一步腰部的感覺會如何改變。

從自己與學生身上發現，有時會不自覺地落入「我只要好好觀察，不舒服感受就會離開」的假設之中，繼而希望透過「正念」而去改變某些狀況。我覺得這也是一個修煉過程的一個階段。若果留意到有這個習氣，純粹的覺察到：「啊，原來我真的很想改變。」練習接納這刻的自己，再回到觀察事情的本來面目。

之前說過有些學生覺得要觀察感受就需要不斷「盯著」感受（就像警察盯著疑犯一樣），期望自己不會錯過感受的始終。這樣做會將練習變成一種壓力，不但會強化了個人的執著與排斥感，同時亦強化了那些感受的體驗。

建議當留意到某個身體部位有著某個感受時，聚焦觀察這個局部感受一會兒後，將意識放大回到身體整體的感受；留意到局部地區感受的同時，也覺知道整體的感受。這樣能幫助我們有一個宏觀的視野去觀察整體的變化，而不因對局部感受的執著導致陷入情緒之中。

當然，以上是純粹式理論，在實際操作時我們難免會因為太在意一個部分而執著了，很希望那個部分能改變。沒關係，發現自己執著了，再重新開始，再重新觀察，不斷不斷的重新嘗試。發現執著並且容許執著存在絕對是練習的重點之一！在禪修過程中，培養不怕失敗的精神有助我們穩步上揚。每次發現陋習都拓展一個機會去建立對自己的包容以及提升自己的練習技巧。

留意情緒（心觀念處）

對身體的感受變的敏銳後，很自然就能夠留意到身體的感受會因為不同的情緒而影響。譬如憤怒的身體跟放鬆的身體在感覺上的差別。憤怒時，去感受憤怒在哪個地方呈現，可能某些地方有緊繃的感覺、某些地方有抽搐的感覺，以及某些地方有壓力的感覺等等。嘗試感受那些感受的質感、形狀、大小、深度、溫度及密度，能感覺到什麼就是什麼，不用強迫自己去感受一些感受不到的細節。

除了這些顯著的感受外，可以的話，留意一下呼氣時放鬆的感覺，以及被放鬆的部位。體會一下放鬆的感覺是怎樣，以及整體的感覺如何？局部地區的感受又如何呢？而身體姿勢又如何？

不需要刻意去尋找「特別」的感覺，只需要觀察那一刻留意到什麼，無論熟悉與否、大或小、新與舊、多或少，就算感覺不到，都可以。感受是千變萬化的，而每天的感覺既相似又不同，純粹觀察就可以了。

留意想法／觀點（心觀念處）

念頭是情緒的食物，當你能夠留意到情緒的來去時，慢慢就能夠「認出」掌控情緒背後的念頭了。在觀察情緒、念頭時，保持留意身體的感覺或者呼吸。若能貫穿身受念處，對情緒及念頭的觀察能力就可以變得扎實及穩定。

譬如你留意到內面有個憤怒的情緒，可以先練習聆聽憤怒的感受與需要（第十一話）。觀察一下憤怒以一個什麼形態在身體顯現，並且將呼吸送到那些部位。若留意到有「梳理」、「拆解」、「解決」情緒的取態時，覺知那時自己的習氣，只觀察習氣與憤怒的互動，容許自己不知道能否做到，純粹的陪伴這些體驗。陪伴感受時，難免會聽到一些不斷重複的念頭在腦海盤旋著，譬如「我實在不能接受他無視我的感受！」

留意念頭有一定難度，特別是當留意到第一念頭時，瞬間又會有下一個念頭去評論或批判上一個念頭。可能一開始你留意對他人批判的念頭：「他實在太糟糕。」發現這個念頭就立即產生下一個念頭：「為什麼我會這樣批判他？」、「我真的很糟糕，很無正念。」之後繼續衍生更多的念頭：「為什麼我練習正念那麼久，還是那麼沒正念？我如何可以正念一些啊？我不能接受自己那麼沒有正念啊！」留意在第一個念頭之上，已經多了六個念頭，共七個！

雖然念頭層層疊疊並不好，不過這絕對是觀察念頭練習裡必定遇到的一個階段。當我發現念頭接念頭時，多年的「失敗」讓我學習到我只需要把完整的覺知放回到我的身體感受及呼吸，不需要介懷自己做的好不好，只需要將念頭看成聽收音機傳出來的聲音就可以了。

若果新增的念頭形成新的情緒，就抽時間回到蒲團上，或找個空間，去好好陪伴並觀察情緒。如是者，當有念頭來的時候，回到身觀念處，留意呼吸，非常專注的將意識放在手頭的動作上。

如是者，身觀念處、受觀念處、心觀念處不斷的交替進行。

宇宙的運作(法觀念處)

當你對身體、感受、念頭、情緒有了一定的認識後，很自然就會開始看到它們那環環相扣的關係。因為你對情緒與想法開始變得敏銳，你會留意到行為背後推動自己的意圖是什麼。譬如行為背後有什麼情緒、行為背後有什麼期望、有什麼渴望等等。這個過程不用急，容許這些細節一層一層「顯露」出來，你會看到以前看不到的東西。看到與否，每一刻只需要練習純粹觀察所體驗到的就可以了。

看到這些層面之後，可以溫習第三及十四話，去深化對五蘊本質及運作的理解。

留意五蘊的運作並不等於大家要改變五蘊的任何一個顯現，譬如看到此刻有苦受，就希望透過觀察將苦受變成樂受；或者看到有個不善念就希望透過觀察來改變念頭；或者看到自己放不下就希望透過「正念」來放下……記得五蘊的觀察是關於純粹的觀察：看到苦受只需要覺知苦受的存在，看到不善念只需要知道這念頭的出現，有執著就只需要知道有執著，看到想擺脫執著就只需要知道有這個想法。

除了看到之後，下一步可以問自己：「如果這一刻的就是如此，那我想如何走下一步？我想如何面對這些內在的顯現（感受、想法、情緒、做法）？」

以前練習當發現自己有某些自己不認可的感受、想法、做法、情緒、觀點出現時（現在也會發生，因為習氣太強），我會很批判自己為什麼這樣想、這樣做、這樣說。當留意到內在的批判時，又會批判自己那麼批判，為什麼不能夠對自己仁慈些。其實越問自己為什麼批判自己時，就更強化了內在的批判。在這個模式轉來轉去好多年，我發覺批判自己是不能夠幫助我減少批判的。

近年對自己批判有了一個不一樣的取態。當遇到自我批判時，我會問自己：「我想如何對待這個批判？」我知道越批判內面的批判，內在的批判就越多，結果就只會變得更加沮喪，有更多的自我懷疑。我輕輕的跟自己說：「辛苦了，這並不是一個舒服的感覺啊。」以前我會想將這些負面感受「留在家中」，免得「失禮」自己，但現在會帶著這些感受繼續過生活，不把它看成一個負累，而是看成自己的小孩一樣去關顧。

沮喪並不是我希望灌溉的結果。回到大方向，問自己：「我希望自己成為一個怎樣的人？有著什麼體驗的人？」我希望成為一個平安、自在的人。再問自己：「如果一個平安自在的人看到自己的批判會怎樣回應呢？」答案很明顯：「他/她就會容許這個批判存在，放下要改變這個批判的必要，只會回到當下，努力做好當前的任務。」

我再問自己：「倘若我要練習放下，我可以如何練習呢？」如果我一直盯著我不喜歡的東西（自我批判），其實我並不是練習放下，反而在練習執著！如果要練習放下，我必須有意識的將焦點重新放在另外一個對象之上（譬如手頭上的工作），就是我們常說的 move on。

如果那一刻我正在與兒子相處，我練習全心全意與兒子互動。在此之前，先跟自己發一個願（Intention）：「我全然投入與兒子的互動」，或者「我完全投入刷牙這個過程中」。或者此刻在我心內有著一個自責的聲音，就可以把這自責聲視為內在的打樁聲，跟自己說：「可能我今天無法讓這聲音減掉，不過我可以繼續專注於今天的事。」當我不那麼介意內在的「自責打樁聲」時，透過對事情的投入，這個聲音會在不知不覺間消失了。當留意到自責聲音離開時，可以透過反思並且留意一下：「自責聲音是如何離開的呢？」這樣的反思引導我們更深的觀察，哪些做法有效讓自己感到內在的平安？哪些做法成效比較低？

當日復日、月復月、年復年的練習，你就會累積到很多不同的經驗，明白在做法上微小的差異如何會帶來不一樣的效果。當經驗越來越老到時，人就自然比較放下（因為太清楚不放下的後果）。因為經驗絕對需要時間醞釀出來，所以練習的持續性絕對比短暫的成功來得重要。

其實在修行路上，每個人的需要、方法、時間、速度都不一樣，不同人生歷程需要的工具也不一樣。就算某些方法對他人很有用，並不代表對所有人功效一樣。就算在這裡跟大家分享對我有用的方法，可能只有某部分能為你帶來啟發及幫助，而某些部分可能需要自己去調整或探索，讓你能夠去找到更個人化的方式。

如何知道你找到適合的方式？如聖嚴法師說，如果使用的方法有幫助到自己增加面對現實的能力，減少對事實的排斥性，減少「我一定要怎樣才行」的態度，比以前有更處之泰然的態度去面對生命，那麼你就知道方法正確了。若果你發現越練習越多苦，那就需要調整一下方法，這時，可以請教一下你信任的老師或者同修朋友。

平衡並不是一個名詞，而是一個動詞，純粹的觀察能夠幫助我們找到每一刻的平衡。

透過自身體驗，觀察宇宙萬物的運作方式

這時，我相信你的練習已經變得越來越穩定，而且開始可以多留意每件事的因與

果如何相互影響。每一件事的衍生並不只有一個原因形成，它是由無數的因滙聚一起去形成很多不同的果。

每一刻的體驗既是因，也是果。練習留意每一刻因果如何互相牽連、互相平行地運行。

就像你今天走在修行路上，拿起這本書，是因為之前所遇到的某些經歷，可能是一些不愉快的經歷或一些過往的傷害希望去療癒，這些都是因為過去經歷造就了修行的原因。現在努力的修行可以幫助你減少後悔、減少執著，以及排斥的態度，讓你變得更自在。變得自在是因為你重新詮釋過去的經歷，你發現雖然不能改變已過去的事實，但你可以改變對過去的印象。所以，過去也可以透過你的修行（因）而改變（果）。而現在的練習（因）也會為你帶來一個不一樣的將來（果）。

除此之外，因為你有個願景希望成為更自在、安樂、隨心、隨緣的人，而這願景讓你更有動力修好自己。所以將來也可以是現在練習的因，而現在的努力便是果。那麼，現在的修煉既可以是一個因，同時也是果。將來亦如是，它既可以是一個因，也可以是一個果。過去亦如是，它既可以是因，也可以是果。

回顧以前，遇到所謂的失敗，兜兜轉轉過後，你會發現原來那是一個恩典。同樣地，有時以為天賜鴻福，但後來那反而為你帶來一個頭痛的困難。

有些家長認為子女能夠入讀名校有好成績是一個恩典，怎知道當女兒努力考上了，卻因為壓力無比而最後得到情緒病，甚至有些了斷了自己的生命。那到底入讀到名校是福還是禍？

以前我一直問自己究竟為什麼有那麼多情緒困擾，但現在才發現那是因為本身敏感的體質。若沒有遇上那麼多情緒困擾，我都不會走上禪修道路，絕不能享受到現在內心的平安。若果從來都是一帆風順，今天都不會寫這本書（甚至不會接觸身心靈的東西）！

其實，每一件事的發生只是一個過程，並沒有好壞之分。所謂的好壞只是一個相對論，根據我們想去的方向來判斷那件事是否適合及有幫助。如果你想往東走，但你的行為卻是往西走，這就叫做不適合、有偏差。對於要往東來說，往西走就是不對，就是錯。但西邊本身並沒有好壞、對錯，一切視乎你的目的地而已。不過，如果你的目的地在東邊，但因為面前有阻礙需要繞路，雖然暫時往另外一個方向走，但長遠來說都是往東，「繞路」就是對的路了。

多反思自己的想法、話語及行為，看看它們是否跟你想走的大方向相同。問自己：「我想成為一個怎樣的人？到底自己的身口意在培養什麼特質？」

我們每個人都會嘗過失敗，失敗本身不是問題所在，問題反而是失敗之後我們想如何走下去？如何面對生命的每一刻，實則塑造了我們是怎樣的人。

如果你希望自己能成為一個內心平安的人，但每次發現內在不平安時就不斷指責自己，我們只是默默在心中「希望」做平安的人，當希望沒有用行動互相配合，我們都只會成為「我想做一個平安的人」，而不是「我是一個平安的人」。

建議大家多回到五項正念修習，並把它實行在生活中。五項正念修習是修行道上一個非常好的藍圖，帶領我們有效地往身心靈淨化的方向走。

再三提點，方法歸方法，到實際操作時，大家可以因應自己的身心能力範圍做調整。當遇到不同的局勢、不同的環境、不同的需要、不同的生命週期，我們的身心能力範圍及心靈空間都會有所不同。

以前還沒有小孩的時候，我可以每天花兩小時坐禪跟練瑜伽，但有了小朋友之後，有三年時間我根本沒辦法騰出同一樣時間去練習，而那時勉強自己練習反而增加了自己的心理壓力，一點都沒有為我帶來半點滋養。到兒子三歲後，我慢慢開始能夠找回坐禪的時間，而且感覺是愉悅、舒服及享受的。不過某些日子睡眠比起坐禪還是來得更滋養身心，能製造出更大的心靈空間去包容生活所發生的事情。

現在，我學習放下對練習的意識形態有所執著，用心去投入專注生活的每一個細節，包括：與人的溝通、面對無常的生活改變、理解自己的想法、面對自己的情緒，這些練習都是往一個大方向——希望減低自己對事情的執著與對現實的誤會。

希望我的每一步都能滋養自己與大家的最高真善美，我覺得，這已是一個很好的修行。記得，無論你的道行到哪一個境界，高或低，我們都還有進步空間。不需要因為有調整的地方而抹煞了過去的努力與進步，以及去打垮自己。多些去認可自己善巧的地方，為自己加油；多些感恩自己有能力及有條件去選擇一個善的生活方式。能力大的時候，就去幫助他人；能力少的時候，就多些照顧自己，兩者都是同等重要的！

希望大家所想的、所說的、所做的，都是為了自己及他人的最高真善美出發，若果發現沒有理想中做得那麼好，願你可以原諒自己，同時在自己的身心範圍內盡自己最大的努力，去挖掘自己的潛能，這樣，就夠了。

最後，先感恩自己完成這本書。現在，就開始正式將你學到的落實於生活中！

你在練習裡的收穫將會是給自己與這個地球最好的禮物！

參考書目／延伸閱讀

《安般守意經》評論

○ Rosenberg, Larry. *Breath by Breath: The Liberating Practice of Insight Meditation/ Larry Rosenberg; with David Guy; foreward by Jon Kabat-Zinn.* Shambhala Publications, Boston, MA. 1998

《念住經》評論

○無著比丘著，香光書鄉編譯組譯：《念住：通往證悟的直接之道》，嘉義：香光書鄉出版社，二〇一三年。

○一行禪師著，明潔、明堯等譯：《生命的轉化與療救》，北京：宗教文化出版社，二〇〇三年。

○德寶法師著，賴隆彥譯：《快樂來自四念處》，台北：橡實文化，二〇一三年。

禪修

○德寶法師著，施郁芬譯：《進入禪定的第一堂課：超越觀呼吸》，台北：橡樹林文化，二〇一一年。

○德寶法師著，賴隆彥譯：《平靜的第一堂課：觀呼吸》，台北：橡樹林文化，二〇〇三年。

○一行禪師著，釋慧軍譯：《正念蓮花》，香港：皇冠文化出版有限公司，二〇一四年。

○聖嚴法師著：《聖嚴法師自傳：雪中足跡》，香港：皇冠文化出版有限公司，二〇一四年。

佛學

○德寶法師著，賴隆彥譯：《快樂來自八正道》，台北：橡實文化，二〇〇七年。

○一行禪師著，鄭維儀譯：《你可以，愛：慈悲喜捨的修行》，台北：橡樹林文化，二〇〇七年。

○一行禪師著，方怡蓉譯：《佛陀之心：一行禪師的佛法講堂》，台北：橡實文化，二〇〇八年。

○一行禪師著，觀行者譯：《一行禪師　心如一畝田：唯識五十頌》，台北：橡樹林文化，二〇一七年。

正念應用

○Bays, Jan Chozen. *How to Train a Wild Elephant: and Other Adventures in Mindfulness.* Shambhala Publications, Boston, MA. 2011.

○法蘭克．裘德．巴奇歐著，鄧光潔譯：《正念瑜伽：結合佛法與瑜伽的身心雙修》，台北：橡樹林文化，二〇〇五年。

○佩瑪．丘卓著，胡因夢譯：《不逃避的智慧》，台北：心靈工坊，二〇〇五年。

○佩瑪．丘卓著，胡因夢、廖世德譯：《當生命陷落時：與逆境共處的智慧》，台北：心靈工坊，二〇一七年。

○Kramer, Gregory. *Insight Dialogue: The Interpersonal Path to Freedom.* Shambhala Publications, Boston, MA. 2007.

○Orsillo, Susan M. and Roemer, Lizabeth. *The Mindful Way through Anxiety: Break Free from Chronic Worry and Reclaim Your Life.* Guilford Press, New York, NY. 2011.

○《誠心修習》，一行禪師幸福之路：2013 覺醒生活營手冊。

○Williams, Mark; Teasdale, John; Segal, Zindel and Kabat-Zinn, Jon. *The Mindful Way through Depression: Freeing Yourself from Chronic Unhappiness.* Guilford Press, New York, NY. 2007.

感恩練習

○朗達．拜恩著，王莉莉譯：《魔法》，台北：方智出版社，二〇一二年。

我和媽媽的關係

餐廳主理人／主廚　王飛

我媽媽從小就非常之喜歡我，以我為驕傲。她願意給我很多很多，特別是物質上的如基本需要、高等教育、大屋、名車、金錢、機會，等等等等。在我印象裡，媽媽不太喜歡深究太多，總之我不會為她帶來太多麻煩就可以了。換句話說，她比較喜歡保持一點距離，不要過問太多，只要在她需要的時候在她的身邊就夠了。

我以前做人最重要是真，所以常遇到將不應該說的實話都如實告知。不知不覺的，「說實話」就讓我和媽媽產生了很多問題。我們之間有很多像「地雷」式的話題，比如有關已故的爸爸、妹妹和媽媽的關係，或是一些我自己覺得會帶給她更多快樂的意見和行為。

當我不留神或自我中心驅使的時候，會不自覺踩到這些「地雷」話題，我倆的關係就會大爆發。當我直接跟她說出我的想法，或強迫她跟著我的做法時，她因為生氣，就會使用她慣性的招數，耍賴說，「不要管我，我就是這樣子！」、「反正活不了多久，人死了就一了百了！」

每次當我們的互動又卡在這個階段，我都會感到無助和絕望。而下一個階段，就是冷戰的開始。冷戰時，媽媽就是裝著看不到我，也不會跟我說一句話。這個冷戰階段一般少則持續幾個星期，長則兩個月左右。

我很愛媽媽，我希望她能學會打開她的心，「應該」放下一些已過去很久的事。因為我覺得這樣她可以「更」快樂。大家都知道我們沒有能力去改變他人，當大家一次又一次的看到我對她的強迫，並不斷把我們帶回去同一個死胡同裡，大家都很痛苦。

對我來說，我最大的痛苦就是我無法幫助我媽媽，讓她快樂。

我看到自己因為缺乏自信，繼而覺得要把身邊的所有人和事都改到最好，潛移默化就養成了我的完美主義觀。一直以來，我不斷的去改變，停下來會令我不安。不能改變的事，讓我憤怒，我亦會批判那些不願意按照我的速度和模式來改變的人。我留意到「幫助」我媽媽的動機並不是單純的想她快樂，同時也是想排除心中那些無力感的心裡障礙。

人生不同階段裡都有緣遇到不同的老師，好像在帶著我走上修行的路。過去十年裡，特別要感謝的就是 Janet 和一行禪師。他們給了我很多的指引及正確的了解，讓我從散亂的狀態中開始正式投入每天的正念練習。每天的坐禪和透過日常生活鍛煉自己的心。細心聆聽老師分享的教導，相信我自己可以改變，努力不斷的實行每天的鍛煉。就是這樣，慢慢就發現看東西比較清楚，也更有勇氣往我自己的內心去觀看。

我開始看到我自己才是元兇，是我帶給我自己所有的痛苦。其中的一樣痛苦就是我會不自覺地用盡各種方法來掩蓋或逃避我的脆弱、我的不安感。我無意識地把自己打造成為一個「超人」，希望飛到各地去拯救世界，以為透過這種「偉大」的行為，我就能無瑕地掩蓋我內在對自己的苛刻與批判。

奇怪的是，拯救到的人越多，能耐和成就越大，我就越不安。越是不安我就越努力，努力幫自己鑄造一個無堅不摧的盔甲，一個很強的形象。後期 Janet 幫助我看到，越是努力強化我的盔甲，就越會封閉自己，拒絕接納他人的幫助和愛。而我就會變得越來越孤獨，原來這就是我多年的惡性循環。

多年來我真的很努力去了解並改變自己，同時亦感謝 Janet 以身作則，不離不棄的帶著我去鍛煉，讓我慢慢的看到自己真實的一面。不斷練習面對、接受、原諒，以及愛我自己。

每年我都會安排時間參加 Janet 的瑜伽靜修營。在裡面我得到的不單是指引，同樣重要的是我看到原來我不孤獨；有很多人都像我一樣努力的去面對自己的人生，有很多人都一樣希望走上快樂之路。

最近在香港參加 Janet 的瑜伽營時，有機會與我媽媽在家享受一頓飯。一邊吃飯，一邊享受葡萄酒，媽媽就一邊與我分享她的人生故事。很難得有這機會可以聽媽媽這麼開心與我分享，所以我很有耐心的聽。

直到她講有關於她和她女兒的時候，我聽到多年後的她還是帶著不少的怨氣。我問她：「你想聽聽我的想法嗎？」她想了一下，說：「不要。」

那刻我留意到自己多麼希望改變她，那個要她快樂的強烈慾望就像巨浪般把我的理智帶走。我以為用善巧的言語去提議我媽，但她當然清楚我的板斧，又一次的，我們再次陷入對峙狀態，又再被捲入我們的習慣性漩渦。

我看著媽媽起身去洗碗，逃避與我有任何交流。不知怎的，當時我無助地站著，只是安靜地看著她。突然間我看到站在我面前洗碗的並不是我媽媽，而是一個受了傷害的小女孩，默默流著淚洗碗。我的心碎了。我看到盔甲內的媽媽，一股不知從哪裡來的慈悲愛心充滿了我。我鼓起勇氣和我媽媽說出心底話：「對不起，是我的錯。我強迫妳要一份妳不想要的禮物。」她的沉默令我耐心地再和她重複一遍。媽媽含糊的回應道：「我們一家人，不用說這些的。」我繼續向她認錯：「我不希望我們再次走進冷戰的循環，要妳痛苦好幾個星期，恨我，令妳自己再受傷啊。」

就這樣，我們各自到自己房間。第二天，我已經準備好迎接一如以往的冷戰，或許是一種早已習慣的技能了。

意外地，媽媽好像放下了，她像沒事發生過一樣的與我交流。我感到非常訝異，因為這個反應是從來沒有發生過的。

後來，我慢慢開始了解到，在一段關係裡要有重要的改變前，必須有極大的耐心、愛心，以及等待時機成熟。原來答案不是去改變別人，而是透過努力的去鍛煉耐心與接納，並同時去愛自己。改變會在適當的時候發生。當時機成熟時，我的世界就會因此而完全徹底的改變。

現在我繼續鍛煉正念，特別是跟我媽媽在一起的時候。學習提醒自己去尊重她的選擇，用她喜歡的及需要的方法去愛她。

和太太的關係說起

黃柏年

一、聆聽力量

以前要和太太融洽相處，以為要重視解決問題，更要找方法一次過把問題解決。自以為是，繞了不少圈，才學會兩個人溝通不在於解困，而在於聆聽，透過聆聽讓大家真正互相交流。

要明白以上這點，認識我親愛的Janet老師成為關鍵。最初認識她，是在轉念反思的TED Talks中，看她上了台，差不多整整一分鐘，沒有說話，只是微笑看著台下的觀眾，逐個的看，原來她在讓我們每一個，體驗聆聽的力量。我相信她能令我，走進心的道路，可以更理解那時和妻子出現的溝通問題。

我認識了Janet，雖然之前沒有上過瑜伽，但直接走進她第二屆的瑜伽師資培訓班。我上課，更希望找機會邀請妻子來上課，待Janet幫她解決「她的問題」。

二、她的問題

我當時一直以為那是「她的問題」，所以很認真上課，去尋求幫她的解決方法。原來那是很錯的一步，因為如何尋找方法，潛意識也早已把問題推卻給她。我沒有負起責任，去看清事實。

我們很多時的爭拗，也源於我時不時會有些無明怒火，往往一燒就把一些無傷大雅的事情放大。在Janet的課程中，我慢慢看到我在關係中放了一個溫度計，若當天妻子對我好，我就會愛她多一點；但若當日怒火起，我會把當日的壞心情，看成是她製造的不好，那愛就打了折扣。

三、正念的茶

繼續上 Janet 的課，我首先看到自己的憤怒。原來每次憤怒生起時，我可以看成它來探望我，而不需要即時對自己責罵，或和它過不去而懲罰自己。它是一個情緒，只需讓它吹過，不需要給它新的能量令它持續。我看出，每一刻我有選擇如何回應的機會。

我看到憤怒，再看到能回應的選擇，更好像看到一點因果。在一次正念修習，喝上同學給我準備的茶時，雙手捧著杯，每一刻回到當下，回到呼吸，摸著杯溫，看著茶色，輕輕嗅著茶香。我忽然熱淚盈眶，好像看見幫我去採茶葉，辛辛勤勤去做這杯茶的人。那恍似是我在街頭發生碰撞衝突的人，我造孽後卻承受這杯茶的恩惠。我心內起的不是尷尬，而是對所有的千絲萬縷，有一份很深的感恩，也靜靜地把內心的無明怒火洗走。

四、內心對話

我再修習，慢慢看清一些給自己制限的條件，原來小時兄弟倆長期受體罰（現在明白上輩，也受當時條件所限，往往做了一些現在看成錯誤，但以當時而論卻是整個宇宙中最好的決定。往往也是表面上不容易看見，基於愛的移動。），那時我立誓要保護無助的弟弟，慢慢形成了要保護他人的角色。這角色促使我過度保護其他人，而變成侵犯他人的空間，這令我在路上易發生碰撞，易生起憤怒，這亦促成傷害我和妻子關係的主因。

原來我一直想保護他人，卻沒有好好專注於自己要做的本分，更不信任別人有不同的能耐去解決自己問題。簡單而言，我留意到自己，一直潛越別人本位而不自知。禪修令我慢慢去了解形成這意識背後的不同條件與因緣，更令我有空間去接納這個面向的我。不是要改變，或者懲罰，而是和自己更耐心對話，認清自己，要有自己的序位。

五、愛的 all-in

自己，其實可以包含一個更深更廣義的源頭。但先從生活層面說起，就是平常和家人相處，那關係也可以認清自己。我逐漸明白到自己的狀況，原來愛不是論功行賞，尤其對家人的愛，是一種 all-in 的態度。愛就是愛，愛不會基於當日的心情有所增減。有了愛，就全然，全面臨在的去愛。遇上壞心情，也只是當刻的壞心情罷了，不用給該段關係即時評分。

繼續修習，不是把問題看清，幫其他人解決，而是更認識自己，看到過往種種在心上留下的烙印；也不是要改變了自己，而是原諒自己。多了生命中的輕鬆，減少了對妻子的強迫，增加了明白，全心地去聆聽，完全的愛，真誠及具體的感謝。

在 Janet 柬埔寨的禪修營中，我學會了一種特別的聆聽方式，叫做無條件正向回應（Unconditional Positive Regards）。我學習認同太太的感受，而不是一直自以為是的幫她找解決方法。她有的想法，可能比我的更好。

六、開始感謝

要令愛更堅固，是要懂得真正的感謝，每天具體感謝妻子三件事，原來越感謝，越感謝得具體，就算微細，或者本應以為理所當然的事情，就越發覺自己有多幸運和幸福，不是單純可以娶得如此賢良淑德的妻子，而是看清自己是自己，妻子是妻子，接受她是如此的她，亦擁抱我是如此的我。

每天五分鐘，或二十分鐘，找一些時間靜思，令生活更能沉澱。世界很廣闊，每日週遭發生的事，可以很亂，情緒很多，但沉澱時候，和自己內在對話，那份愛油然而生，多加了自己的力量。宇宙很大，但愛很簡單。

七、後記

感謝 Janet，三年前邀請寫文，昨天重看，雖然寫得亂，但當時如此就容許如此，本不想修改。但再呼吸一下，這幾年有些成長，想談的核心也有所改變。原來自己當時的憤怒，已經是很舊的老朋友，也不盡是這世的外景所生，所以動筆重寫整篇文章。對太太感恩，對今世慶幸成為 Janet 的學生感恩，對正在閱讀的你感恩，對自己和生命的源頭好好感恩。

從抑鬱學習愛自己

音樂教育工作者／正念瑜伽導師　陳沛芝

我是Clare，先後畢業於音樂系及音樂錄音系，從事有關音樂和聲音的教育十多年，當過錄音技師、舞台和音樂製作的幕後工作。前半生努力遊走於與聽覺和音樂有關的樂園中。

直到二十九歲那一年，發現自己有抑鬱症徵狀。一開始也以為自己只是工作壓力大，於是以煙酒去渡過。直至二〇一二年徵狀嚴重了，並出現幻聽症狀。幻聽症狀，對我來說可是一個很大的打擊，那時覺得整個世界都要完結一樣。而我亦因此開始看精神科醫生，並進行藥物治療長達五年。

藥物固然幫助我減輕徵狀和保持日常生活，但也伴隨著一些副作用。那時發現我看了醫生五年，而最能幫助我的人，其實還是自己。於是嘗試找出另一些方法去幫助自己。

巧合地，在網上看到新生精神復康會（newlife330）有靜觀（正念）推廣大使計劃，讓有抑鬱徵狀或有需要人士參加，於是我便參加了。那是我第一次接觸到正念練習。

當時一心只想找尋幫助自己的解決方法，希望能讓自己「痊癒」，所以頭三年的正念與瑜伽練習，持續地每天或隔天安排時間給自己練習，讓自己生活多了一點規律；而在身體素描和瑜伽練習中，也協助我重新開啟了封閉多年的身體感覺和五官感受，讓身體得到放鬆。

然而，當時一直有一些未到位的感覺，有一些迷思，例如「放鬆了又怎樣？生活壓力依然在！」、「覺知道自己有很多思想情緒，但我又可以怎樣？我還是一個需要食藥的抑鬱症病人！一個沒用的人！」當時自己也未覺知和承認內裡那個根深蒂固在貶低自己的習氣。

雖然也有運用在心理學上靜觀認知療法（Mindfulness-based Cognitive Therapy）所學到的，重新認知自己不同的基模（Schema Pattern），但好像到了一個樽頸位，便不停反問自己，到底自己還可以怎樣做才能做到所謂的「好番晒」？當時也未覺知到，原來是自己那個太用力追求的心和執著自己的修習未有進展，再加上持續聆聽靜觀認知療法的聲音導航錄音去練習，時間久了也的確開始分心和覺得沉悶了。

後來在 newlife330 的義務工作，令我有機會參加 Janet 老師的「瑜伽．生活．禪」的一天禪修活動。Janet 老師是令我在修習上得到更多啟蒙和領悟的老師。

記得那一天，老師帶領我們修習正念步行、瑜伽和進食等等。練習中讓我認識到什麼是純粹，如實地一步一步地行，步步在心；感受每一口食物帶來的感受；瑜伽練習讓我進一步接納自己身體在當下一刻的經驗，就是如此。

完了禪修日活動，對於怎樣可以完全「由抑鬱症中痊癒過來」的想法也有少許改變，驅使我突然想到：「其實自己是不是也有可能戒掉吃抗抑鬱藥物的習慣呢？」於是我開始和我的精神科醫生討論慢慢戒掉藥物，並以禪修練習陪伴自己，在每個當下裡，重新認識自己。順利停掉藥物之後，展開了我接下來另一個靈性學習的旅程。二〇一九年在 Janet 老師的二百小時瑜伽師資課中，繼續跟隨老師修習正念、瑜伽和認識佛學，這亦成為我淨化內心的另一個起點。

自二〇一九年開始跟隨 Janet 學習瑜伽，完成二百小時師資培訓，才真正仔細地認識和學習到每一個瑜伽體位法，再由練習中真正地和自己的身體連繫，發現身體不同部位的各種感覺，一直也是告訴我的感覺的途徑。由細到大也不喜歡運動的我，終於為自己重新找到一個滋養身體的方法。課程之後的一年，以瑜伽練習陪伴自己走過情緒的高和低。當日的自己一直被過去的經歷封鎖著，心也不知何時開始緊緊關閉而不自知。

完成二百小時的培訓，讓我重新感受到自己每一塊肌肉、筋腱、細胞，甚至是血液在血管內的流動。我也感受到運用不同的瑜伽式子，可以幫助自己排出累積已久的深層情緒和覺知自貶自責的習氣。我開始覺察自己原來一直沒有好好愛自己，沒有好好照顧自己的身體這個靈魂的宮殿。有些瑜伽式子，練習時會使我不期然的流淚，每一次也令我發現那些被我抑壓著多年的情緒和習氣：抑鬱、抑壓、害怕和自責自貶等等。

我從瑜伽練習中反思一直以來在工作、感情和與母親的關係。原來當初自己患上抑鬱症，也是跟我這些習氣有著很深的關係。記得在課堂的練習中，一次又一次看到冰冷白色又不自然的光，每次也要停下來安頓心神，後來覺知到原來那是來自傷痛經歷中，自以為已經忘掉了的潛意識裡的記憶，好像提示著我要好好和當時的自己和解，並要好好處理創傷的記憶。當對自己的情緒和習氣的覺知提升了，感覺就好像分明地呈現出一個又一個百子櫃，每一次對習氣的覺知，就像把一格格櫃子裡的情緒和習氣拿出來調整或梳理一次。

雖然對習氣的覺知加強了，但又因此生起另一種恐懼、另一種疑惑，眼看自己有時候幾個習氣同時在一件事上顯現出來，就像內裡有好幾個人帶著不同情緒和觀點去互相抗衡一樣，感到很難處理。心裡反思到，如果正念就是要如是地觀察，但有時當下雖然留意到，但也未必可以進展到即時解決問題。結果可能只是一直在習氣上輪迴，一直只是感受得到，和在覺知的層面上轉圈，難道人生就像如此？如何能得到那個所謂「解脫」？那一陣子我對正念和禪修感覺有點冰冷，覺得修行好像沒有進展，一次又一次悲喜自渡中，但又找不到下一步的意義。

後來在二〇二一年，我參加了老師的其中一個師資課程，那經歷又開啟了我另一覺悟。老師給我們一個「做自己」的練習。過程中，我看我的那些習氣，像一個又一個的能量，很多種不同顏色的能量在身體中拉扯著我，同時又看到當中有一些不屬於自己的習氣能量，而這些顏色是由一個很大的黑色能量分解開來的，讓我覺悟到，當初我的創傷和抑鬱症原來就是那一個很大的黑色能量，當我能夠接納自己有那一個黑色的能量，那股能量就散開，化成無數色彩，代表著一個又一個情緒和習氣，讓我明白每一種習氣，也是黑色能量的其中一部分。那一刻自己選擇全然地放下和臣服，之後那些顏色就聚集成一點，成了一個很光很大很溫暖的白光包著全身，讓我感覺十分平靜、熟悉和充滿愛。

原來之前的禪修一直覺得沒有進展，原來是自我執著於能否和何時解脫，但正念練習就是要讓我看到不同習氣的自己，過去因為不懂自我和過分自責而懲罰自己，把自己封閉起來，但那課程內的練習讓我深深感受到神／宇宙的愛，使我覺得正念的修行除了成就更好的自己，也在靈性上拉近與宇宙的光和愛的距離。

十年間，由患上抑鬱症，到認識正念，再進一步修習正念，覺悟到正念讓自己由身受心法的修習中，進一步和自己內裡重新連繫，讓自己更如真如實地活好當下。

我也發現原來轉化的契機，不一定是來自一個突如其來、靈光一閃的時刻。轉化，也可以是慢慢地，一步又一步地，不急不趕地，由生活的修習而得來。

重新發現愛

瑜伽導師／台北市立大學舞蹈系研究生　劉乃華

二〇一九的夏天，終於能以正念為主軸跟隨 Janet 老師練習。在參與師資的過程中，剛經歷喪母的我，此時狀態並不佳，我對人生和生命充滿了懷疑。我的母親罹患罕見疾病，我照顧母親十多年，醫生始終無法確認真正的病名，母親無法有正常白血球而且數量極少，有時當她病發時，我必須與她一同住在醫院的隔離病房，以防外界病毒與細菌造成感染。在正常情況下，她卻像個正常人一樣，沒有任何差別。所以她發病時我們互相依靠，她正常時我有喘息的空間。可想而知無形中我的生命繞著她轉，我會默默的為她而安排我生命上的各種決定。我們不只是母女，也是很好的朋友。

開始與 Janet 老師學習是在二〇一五年，當時的我也一樣失去了生命中另一個重要的親人，所以當報名二〇一九的師資課程時，我原本是抱著「喔！我終於可以好好度假」的心而來，卻沒想到課程一開始，剛經歷喪母的我對任何事情都提不起勁，在經歷那麼多生命重要的人離別後，生命究竟為何？為什麼要活著？這樣的問題不斷圍繞著我。

我的職業是一位瑜伽老師，我對這職業充滿熱誠，因為它靠近我的核心思想，可以在生命當中不斷的貼近及觸及身心靈的領域，彷佛一切都很美好，但在當時我發現了這也是另一個噩夢的循環，不斷的精進自己，不斷的覺得還有進步的空間，這特質並不是不好，但我發現學生的感謝及讚美無法觸及我的心，我只能看到我沒有的、所欠缺的，好像那個坑永遠都填不滿，我看到我無法滿足以及潛在焦慮的心。原本這觸及身心靈領域的職業，應該能為我充滿疑惑的內在添一些溫暖，但顯而易見的，它讓這疑惑變得更加巨大。

二〇一九年暑期師資課程開始時，我常常進入自己的世界，在這課程中我感受到安全與安心，我沒有老師這包袱，也不介意別人怎麼看我，不用展現得很 nice，我只是我自己。在正念的每一次練習中，我藉由經驗彷彿開始能清晰明辨內在的運作。我的日誌明確的記錄著。

第二天坐禪記錄，觀第二念處（覺知感受的類別與根源）：

> 我感受鼻尖的呼吸，能感受身呼吸，覺察身不適（腰不適），心不苦不樂，持續留意身呼吸，漸沉靜，覺察的到每個當下，身體苦受，心不苦不樂受，覺察到寬度，身是身，呼吸是呼吸，意識到整個空間，身苦受，覺察到心轉苦受，念頭開始冒出，覺察到心的苦，煩悶生出，疑惑生出，不找出疑惑的理由，就留意鼻尖的呼吸，就是坐著體驗一切，最終今日昏沉已走。

還記得在一次食禪的經驗中，當大家輪流在分享品茶的感受及觸動時，我留意到茶只是茶，雖然它有各種口感或觸發的感受在那，但在這一刻我們其實只是在喝著這，我們稱的茶。當我這樣回答時，我感受到氛圍有些不同，但因為來參與的同學們在內在都深知這是一個包容開放的領域，即便我的回答不在預料之內，都還是保持開放的心傾聽著，謝謝當時的同學們。而 Janet 老師回答著：「是的，我們可以品嚐到其中的風味，但也能留意到這刻我們的確單純的飲著。」Janet 老師的回答是簡單的，但我感受到我被承接著。這讓我感受被接納了。

這樣類似的練習持續著，而每每老師講課時，給予我的觸動都極為深刻，彷彿訴說著我內在發生的經歷，所以我不斷的舉手，打斷老師的講解，內在有一種止不住的衝動，想要透過發問確認我所了解的及體悟的經歷，是否是老師所敘說的狀態。因為在那一刻有了連結，我感受到不孤單。

是的，長期以來我感受到孤單，尤其與越多人相處更是如此。雖然我的表達或外在，甚至是職業會讓人聯想外向，但事實上我更喜歡獨處，獨處讓我更自在。而喜愛獨處的原因，是我能單純的感受自身與自身連結，此時內在是平穩安定的，也能享受當下。的確我的孤單也來自於我常感受到他人並不是真的明瞭我所感知到的世界，也不明白為何他人看來如此孤獨，卻依然還想與他人保持沒有連結的交談。

課程照樣進行著，在一次早晨課程中，我留意到聲音變得稍而遠，好像在水底下，也留意到身是身，呼吸是呼吸，各個念頭來來去去，而我單純的看著極為安定的我，坐在教室中，聽著課，也包含了其他的同學，同時也看到了像是不同樓層的每個小房間，房間中的他們正在日常的活動著，每個人在自己的劇本裡獨自努力著，這樣的經歷與體悟，讓我回神後，也留意到自身也深陷在自我的劇情中，原來一切都不是真的，那到底人為何要活著呢？

在這次體驗後，我詢問 Janet 老師，一切都是空，那有什麼是幸福？Janet 老師告訴我「空」並不是什麼都沒有，而是更廣闊，是種醒覺，你的練習會讓你更加明瞭。在持續練習中，我發現波動變少了，我有好一陣子依然無法真正了悟。直到在不斷不斷無所求的練習中，我留意到貪、瞋、癡、慢、疑是種日常的周轉，我看到同學們在分享他們的煩惱，乃我所稱的劇碼時，我體驗到當中有愛，原來在什麼都沒有之後，其實是讓我們更明瞭愛其實是無所不在的，不需求的，也是讓我們更清醒的去選擇，我們體驗愛的方法與方式，原來透過各式各樣的事件，只是為了讓自身能醒覺，意識到是愛，連結愛。

結束練習的祈願文

現在我正式離開瑜伽墊／蒲團，回到生活之中。

願我將練習中所學到的、所啟發我的，好好應用於生活裡。

因為我知道只有落實的修行，生命才會得到一個持續的正向轉化。

願我心所想的、口所說的、身所做的，

都是為了自己及他人的最高真善美出發。

Namaste

關係中的修行之和自己的關係

作者　Janet Lau

責任編輯　李宇汶

書籍設計　王銳忠

出版　三聯書店（香港）有限公司
香港北角英皇道四九九號
北角工業大廈二十樓
Joint Publishing (H.K.) Co., Ltd.
20/F., North Point Industrial Building,
499 King's Road, North Point,
Hong Kong

香港發行　香港聯合書刊物流有限公司
香港新界荃灣德士古道
二二〇至二四八號十六樓

印刷　陽光（彩美）印刷有限公司
香港柴灣祥利街七號十一樓 B15 室

版次　二〇二二年十月香港第一版第一次印刷

規格　三十二開（130mm × 185 mm）四八〇面

國際書號　ISBN 978-962-04-5087-7

三聯書店
http://jointpublishing.com

JPBooks.Plus
http://jpbooks.plus